はじめての
ランドスケープ製図

図面からスケッチまで

内藤英四郎・入江彰昭・栗原国男 著

彰国社

■ 著 者

内藤英四郎　（株）都市ランドスケープ取締役

入江 彰昭　東京農業大学地域環境科学部教授

栗原 国男　東京農業大学非常勤講師、みどりの風景アドバイザー

ブックデザイン　宇那木孝俊（宇那木デザイン室）

はじめに

　わが国には「造園」「公園緑地」「ランドスケープ」などの緑の専門分野があり、これまで、この分野に携わる数多くの教育・行政関係者や設計・施工・管理の技術者によって、日本文化を象徴する庭園づくり、人々の憩いの場となる都市公園の整備、身近な生活の場や都市空間の緑化、自然環境や生物多様性の保全・再生、緑の環境の維持管理などが行われてきました。そうした人々の努力が積み重なって、今日、緑豊かな生活環境が形成され、多様で美しい自然環境が保全・継承されています。

　また、令和の時代における防災・減災まちづくり、環境問題の改善、地域再生などの様々な社会的課題に対応するため、自然環境が持つ諸機能を活用して持続可能で魅力ある都市・地域づくりを進めるというグリーンインフラ形成の取組みが進められています。グリーンインフラとは、「社会生活の基盤となる地域の特性に合った多様な緑の環境づくりへの取組み」と解釈できます。

　本書は、こうした「良好な緑の環境づくり」に対する社会的重要性が高まる中で、この分野を学び、将来、緑のプロフェッショナルとして活躍することを目指す人たちに、その基本となるランドスケープ計画・設計の基礎的な技術と知識を身につけてもらうことをねらいとしており、ここではその最初の段階である「ランドスケープ製図」についてまとめています。

　内容としては従来の「造園製図」に該当しますが、今日では「ランドスケープ」は一般用語として用いられており、土木製図通則（JIS A 0101：2012）にも明記されていることから「ランドスケープ製図」としました。

　本書では、製図の基礎から各種図面の描き方までを次の6章にまとめています。

　第1章は、製図の役割とランドスケープ製図の特徴、製図用具や図面の種類、製図で用いる線の種類などの基本事項を述べています。

　第2章は、ランドスケープ計画・設計の基本要素である植物や景石（けいせき）の描き方について述べています。

　第3章は、平面図の種類や図面表現、描き方の手順などについて述べています。

　第4章は、立面図・断面図の図面表現や描き方の手順などを述べています。

　第5章は、透視図の原理や種類、図面表現、描き方の手順などを述べています。

　第6章は、スケッチの描き方について述べています。

　ランドスケープの計画・設計作業は、今日ではCADなどのコンピュータソフトを用いて行われますが、本書は、製図の基礎力をつけるという趣旨から手描きによる製図作業を前提としています。また、学習効果が高まるよう、各章ごとに事例・図版・スケッチ・写真などを多く取り入れ、読者が実際に作業を行う状況を想定し、「どのような手順で」「どのような作業を行っていくか」を分かりやすく説明しています。

　読者の方々は本書をランドスケープ製図の入門書として活用し、技術力の向上に役立てていただければ幸いです。なお、本書には東京農業大学の学生が作成した図面を一部掲載しています。彼らの協力を得て本書が刊行できたことに感謝します。

2023年10月

著者一同

CONTENTS

第4章　立面図・断面図の描き方

第5章　透視図の描き方

第6章　スケッチの描き方

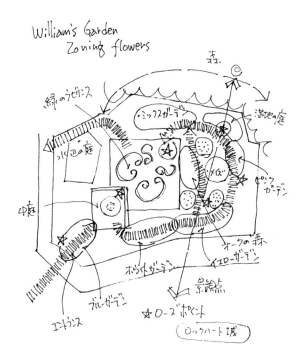

William's Garden
Zoning flowers

第1章

ランドスケープ製図の基本

第 1 節　製図の役割とランドスケープ製図の特徴

1-1　製図の役割

　製図とは、図面をつくる（作図する）ことであり、計画・設計者が対象となる土地や空間、施設などのあるべき姿を考え、そこで得た着想を成熟させ、器具やCADなどの製図支援ソフトを用いて、図面上に具体的な形を表現する作業である。この製図作業で作成される図面は次のような役割を果たす。

アイデアの着想・図面化

1　着想したアイデアを具体化し、目に見える形にする

　計画・設計者は、着想した様々なアイデアを具体的な形に表す（デザインし図面化する）ことにより、頭でイメージしたものと実際の形との一致点や相違点を確認し、問題点の有無や解決方法を発見し、さらには新たな着想の展開などに役立てることができる。

2　計画・設計の考え方や内容を関係者が共有し確認する

　計画・設計の仕事は、発注者から業務の依頼を受けて受注者（計画・設計者）が行い、図面等の計画・設計図書を作成する。

　この過程で、計画・設計者は作成した図面を通して発注者に計画・設計の意図や内容を具体的に伝えることができ、互いが内容を検討・理解・確認し、情報を共有することで業務上のトラブルの発生を回避し、業務を円滑に推進することができる。

　また、対象が公園などの公共空間の場合は、住民説明会での図面を用いたプレゼンテーションなどを通じて、地域住民や利用者に計画・設計の意図を説明し、その場で示された意見を反映させていくことで利用度の高い空間づくりにつなげていくことができる。

計画・設計内容の相互理解

資材の数量、施工日数、人員、
費用などの把握

3 工事に要する費用や必要な資材の数量などを把握する

　計画・設計には製図作業とともに、施工に必要な資材の数量、材料費・労務費、作業人員などを算出する積算作業が伴う。

　これらの作業を通じて、施工費用、施工日数、人員、資材の種類・数量などを具体的に把握することができる。

4 工事の円滑な進行と正確な仕上がりにつなげる

　図面や積算資料などの設計図書に基づいて施工契約がなされ、実際の工事が進められることで、計画・設計者の意図した内容が正確な施工につながり、具体的な形となって実現化される。

設計 ➡ 施工

工事の円滑な進行

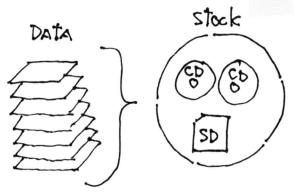

情報の保存

5 情報を保管し、改修などに役立てる

　計画・設計者と発注者は、計画・設計図書を工事完成後も適切にデータ化し保存することで必要な情報を維持し、その後の変更や改修、維持管理などに活用することができる。

1-2 ランドスケープ製図の特徴

ランドスケープ製図は、「ものづくり」に向けた図面を作成するという点では、建築・土木・機械などの製図と同様であるが、その計画・設計では、生き物である植物などの自然物を素材として多く用いること、必要に応じて園路広場・修景・休養・遊戯・運動・教養・便益・管理などの多種多様な施設の整備が求められること、機能性だけでなく「美しく快適な環境づくり」や「生物の生存基盤となる環境づくり」が求められること、対象とする空間が身近な住宅庭園から公園、道路、河川、農地、樹林地、里地里山地域、森林や海岸等の自然地域など多様であること、気候・植生・地形・歴史文化などそれぞれの土地の環境や立地条件に適した対応が求められることなどから、次のような特徴を持つことを理解しておく必要がある。

1 時間の経過や四季の変化を考慮した計画・設計内容が求められる

生き物である植物は、植栽時は小さな苗木であったものが時間の経過とともに枝葉が繁茂して大きくなるほか、四季の移り変わりに応じて発芽・開花・結実・紅葉などの変化を見せる。また、景石も時間の経過に従って落ち着きが増し、景観要素としての存在感が高まる。

ランドスケープの計画・設計では、こうした自然物の時間的・季節的な変化を想定した上で、10年・50年・100年後の望ましい空間像、環境像をデザインすることが必要であり、その基本的な考え方が反映された図面となっていることが求められる。

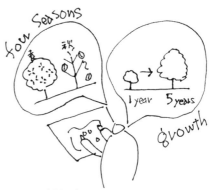

時間の経過をふまえた計画内容

2 空間の美しさ、楽しさが感じられる図面表現が求められる

ランドスケープの計画・設計では、利用のしやすさ（機能性）や緑の環境（自然性）とともに、美しさ（景観性）や楽しさを備えた空間づくりが大切であり、作業のプロセスにおいて、緑と調和した施設のデザイン、樹木や草花による四季の景観の演出、美しい水辺の環境づくり、地域固有の風景の再生、住民の要望に沿った施設の整備などの様々な内容が検討される。

こうした作業の完成品であるランドスケープの図面は、正確さとともに、空間的まとまり、植物の配植、施設のデザイン・色彩・配置などが工夫された、美しさ・楽しさが感じられる表現が求められる。

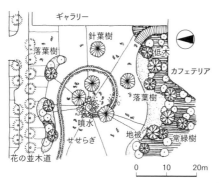

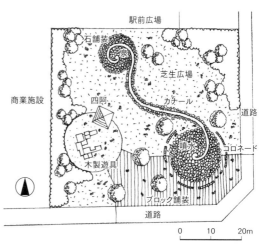

図面表現の例

3 | フリーハンド線や曲線が多く用いられる

ランドスケープ製図では、植物・景石・水などの不定形な自然素材を多く用いることや、地形の変化を活かしたデザインなどが求められるため、フリーハンド線・曲線の表現が多く用いられる。

また、アイデアの着想から基本的な形を決めるイメージプランまでの過程では、イメージの内容をフリーハンドで自由に描きながら内容を高め、それを基に計画図を完成させていくことになる。

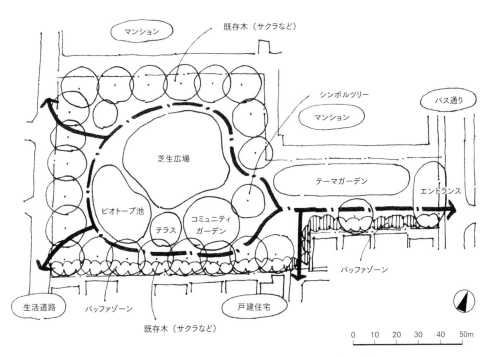

アイデアの着想やイメージプラン段階の図面の表現例

4 | 図面に独自の表示記号を多く用いる

建築製図や土木製図では、日本産業規格（JIS）やCAD製図基準（国土交通省、2017.3）で図面の種類・大きさ・図面に記載する事項が定められており、ランドスケープ製図についても土木製図通則（JIS A 0101:2012）に造成関連や植樹、階段、擁壁、照明などの図示方法が示されている。

しかしながら、ランドスケープ製図は自然物の素材を多く含むことや、対象地の特性、計画・設計の内容に応じた多種多様な施設・素材の図面表示が必要となることから、建築や土木構造物以外の施設では独自の表示記号を用いて図面化しており、植栽については植栽平面図を作成し、凡例欄に樹種記号、樹種名、寸法形状、本数などを表示している。

なお、これに関連して2015年に公益社団法人 日本造園学会が造園工事の技術基準書である『造園工事総合示方書 技術解説編』を発行しており、その中で造園施設に対する図面表示が記載されている。

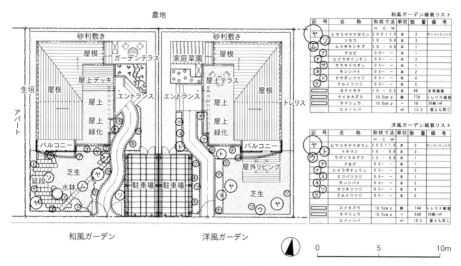

住宅庭園の平面図と凡例

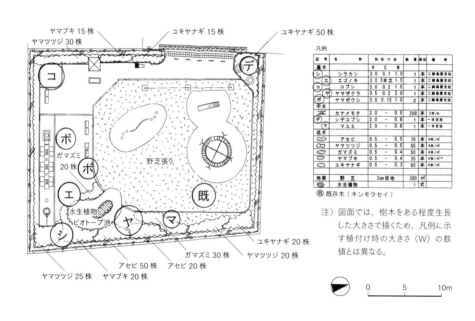

街区公園の植栽平面図と凡例

5 縮尺に合った図面表現の違いが求められる

　ランドスケープ製図では、対象とする土地の面積が大小様々であり、図面の縮尺もそれに合わせて1/50、1/500、1/1,000などと異なるため、図面表現もそれぞれの縮尺に適した形で変化させていくことが求められる。なお、掲載している図面は紙面に合わせて縮小しているため、原図の縮尺とバースケールの長さは異なる。

集合住宅地の広場（原図は 1/500 で作成）

細かな地形、施設の具体的な形、園路や広場の素材の違い、樹木の大小や樹種の違いなどを表現する。

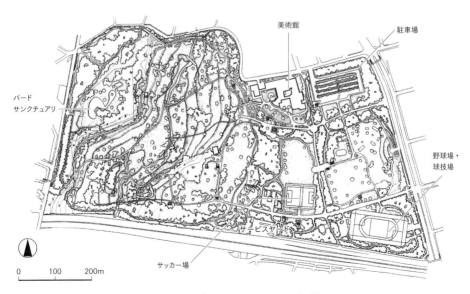

都市公園（原図は 1/1,000 で作成）

建物や主要な施設の外形、おおまかな地形の変化、園路の線形などを描く。樹木は主要な単木は円形、その他は複数の樹木の外形を樹林としてまとめて表現する。

13

製図用具

2-1 製図で使用する用具

CADによる製図作業が一般化する中で利用が少なくなった用具も多いが、次の用具は手描き製図において最小限必要なものである。

① 製図台 ──────── 製図板、平行定規、ドラフター
② 筆記用具 ────── 製図用鉛筆、製図用シャープペンシル、
　　　　　　　　　　製図用ペン、消しゴム
③ 彩色用具 ────── 色鉛筆、マーカー類
④ 定規類 ─────── 三角定規、平行定規、テンプレート
⑤ 距離・面積測定器 ── 三角スケール、コンベックス
⑥ コンパス類

1 製図台

合板型のものやマグネットシート張りのものなどがある。大きさはA2〜A0まで様々であるが、A1サイズのものがよく使用される。

また、図のように水平線が自由に引ける平行定規を据え付けられるものや、直角を保った2本の定規を製図板の上で自由に動かせ、様々な直線を自由に描けるドラフターと呼ばれる製図用機器もある。

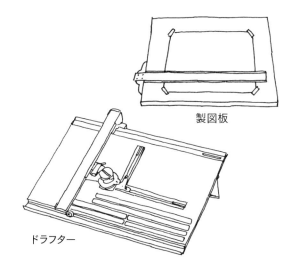

製図板

ドラフター

2 筆記用具

筆記用具として製図用鉛筆、製図用シャープペンシル、製図用ペンが挙げられる。

このうち、製図用鉛筆は、柔らかい線で描く必要のあるイメージプランの段階やスケッチなどに多く用いられる。

製図用シャープペンシルは、軽量で壊れにくいことから、最も広く用いられている。

製図用ペンは、線形を明瞭に示す必要のある仕上げ用の図面などに多く用いられる。

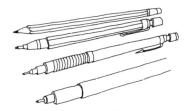

製図用の鉛筆・シャープペンシル・ペン

3 | 彩色用具

色鉛筆には12色から120色タイプまでがあるが、できれば24 ～ 36色が望ましい。特に緑系は微妙な色の違いを表す必要があることから、5～6色程度用意しておくと便利である。

マーカー類は、面的な空間をむらなく着色できることや、図面を鮮やかに仕上げられるという点で優れている。

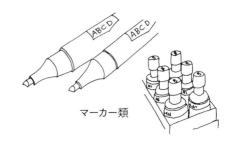

マーカー類

4 | 定規類

三角定規は手描き製図において最も利用する用具の1つである。45°定規と30°-60°定規がセットになっており、この2つの定規の組合せによって様々な角度の直線を描く。

定規には製図板に据え付けて使用する平行定規や円、楕円、三角形、四角形などを描く各種のテンプレートがあり、必要に応じて使い分ける。

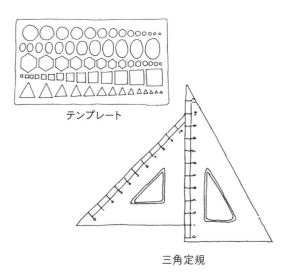

テンプレート

三角定規

5 | 距離・面積測定器

三角スケールは、製図作業で敷地や施設の距離・寸法を測る最も基本的な用具である。

スケール1/100 ～ 1/600の縮尺が示されており、図面の縮尺に合わせて使用する。また、1/150、1/250、1/350などの縮尺の目盛が付いたものもある。

製図作業で直接使用するものではないが、製図に必要な敷地や施設の距離を測る用具としてコンベックスがある。長さは3.5 m用、5.5 m用などがあり、ストップ装置が付いているため、記録を取りながら測ることができる。

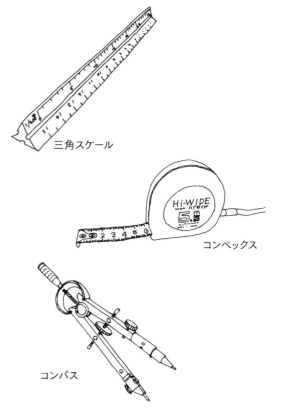

三角スケール

コンベックス

6 | コンパス類

コンパスは図面上に円や円弧を描く用具であり、円の大きさに対応できるよう小型・中型・大型のものがある。

トレーシングペーパーなどに用いる場合は、針で用紙を傷めないよう慎重に扱う必要がある。

コンパスの一種であるデバイダーは、図面上の距離の計測や円弧の等分割などに用いられる。

コンパス

2-2 用紙の規格と種類

　ランドスケープ製図の用紙は、過去にはA列サイズとB列サイズが使用されてきたが、2017年3月に国土交通省の『CAD製図基準』が改定され、公園を含む都市施設の設計においては、紙出力の場合、「A1を標準とし、これによりがたい場合はA列サイズから選択する」ことが定められている。

1 規格

現在では次に示すA列サイズの用紙が用いられている。

A列サイズ	
サイズ	寸法 a × b
A 0	841 × 1,189 mm
A 1	594 × 841
A 2	420 × 594
A 3	297 × 420
A 4	210 × 297

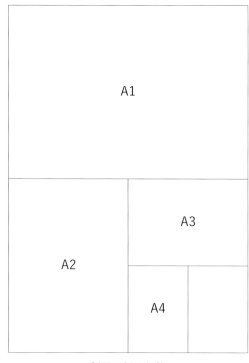

製図用紙の規格

2 種類

ランドスケープ製図では、一般的に次の種類の用紙を使用している。

- ❀ トレーシングペーパー ……… 作業用として最も広く使用される用紙である。半透明で光の透過性が高く、重ね合わせて使用できることから、練習用や下図用として広く用いられている。
- ❀ セクションペーパー ………… 縦横の細かいマス目が引かれている用紙で、方眼紙ともいう。グラフや図形を作図する場合などによく用いられる。
- ❀ ケント紙 …………………… 表面が滑らかで光沢があり、線が鮮明に描けるため、彩色した成果品やプレゼンテーション用図面の作成などに用いられる。

第 3 節　図法と図面の種類

3-1　平行投影図法と拡散投影図法

　ランドスケープ製図は、タテ・ヨコ・高さのある3次元の立体的な空間（対象地）の姿を、図面という2次元の用紙に投影してデザインし、描き込んでいく作業であり、「平行投影」と「拡散投影」の2つの製図図法を用いて計画・設計に必要な様々な図面を作成する。

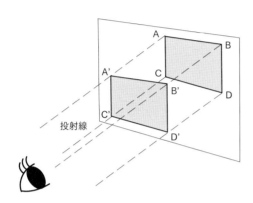

平行投影
遥か遠くから巨大な目で見た場合には、見る人の目の位置（視点）と対象地の任意の点（A・B・C・D）を結ぶ線（投射線）は平行であると捉えるイメージ

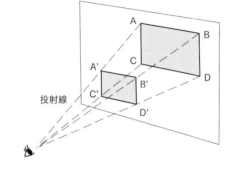

拡散投影
見る人の目の位置（視点）と対象地の任意の点（A・B・C・D）を結ぶ線（投射線）は、視点から対象地に向かって拡散すると捉えるイメージ

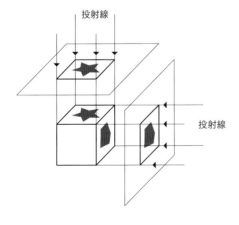

平行投影図法
計画・設計者が、デザインする対象地の形の線を、真上や真横から平行する形で描く図法

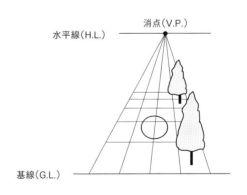

拡散投影図法
計画・設計者が、デザインする対象地の形の線を、その視点から拡散させ、遠近感のある形で描く図法

第１章　ランドスケープ製図の基本

17

3-2 ランドスケープ製図の図面の種類

ランドスケープ製図では、平行投影・拡散投影の図法を用いて、以下に示す平面図、立面図・断面図、透視図、詳細図などを作成する。

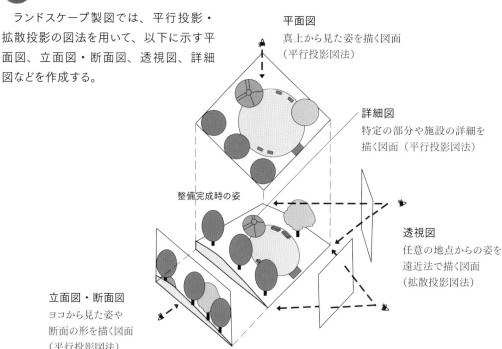

平面図
真上から見た姿を描く図面
（平行投影図法）

詳細図
特定の部分や施設の詳細を描く図面（平行投影図法）

整備完成時の姿

透視図
任意の地点からの姿を遠近法で描く図面
（拡散投影図法）

立面図・断面図
ヨコから見た姿や断面の形を描く図面
（平行投影図法）

図面の種類

種類	図面の目的と内容
平面図	<ul><li>平行投影図法を用いて、整備完成時の姿を真上から平面的に表す、計画の全体像を表現する図面である。</li><li>ランドスケープ計画・設計の基本となる図面で、全体計画平面図、基本計画図、敷地計画図ともいわれる。</li><li>基本計画図に類似する基本構想図や、下図として作成するラフなイメージプランなども平面図作成作業の一部に含まれる。</li><li>基本設計や実施設計段階では、造成・施設・植栽・設備など個別要素ごとの平面図の作成が必要となる。</li></ul> 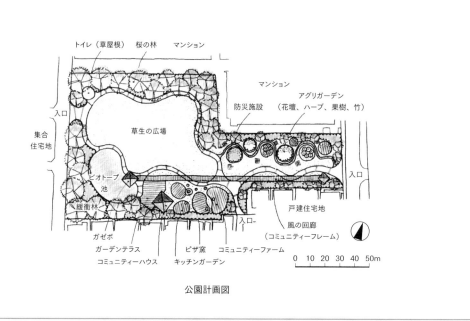 公園計画図

種類	図面の目的と内容

立面図・断面図

- 平行投影図法を用いて、平面図では把握できない土地の高低差などの「高さ」の関係を分かりやすく表現する図面である。
- 平面図上に設定した断面線に沿って地形を切断し、その形をヨコから眺めた図面である。
- 立面図は、切断した線の後方に見える景色や施設、樹木なども含めて描く。
- 断面図は、切断した線上の地形、段差、建物や樹木の形などを描く。
- 必要に応じて、計画地をヨコ方向に切断したヨコ断面図、タテ方向に切断したタテ断面図、敷地の一部分を分断した部分断面図なども作成する。

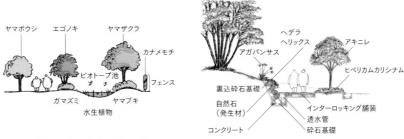

ビオトープ周辺の断面イメージ

透視図

- 拡散投影図法を用いて、平面図に描かれた整備完成時の姿を、ある地点からの眺めとして立体的に描き出す図面である。
- 平面図では実感できない整備完成後の姿を、目に見える形で描き出すことができる。
- 視点を自由に設定できるため、計画地が広い場合でも、高い位置からの透視図を描くことができる。
- 最近では、ＣＧ技術を用いた高品質の作成技法の使用も広がっている。

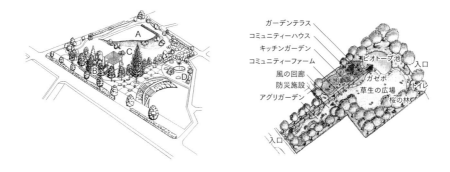

詳細図

- 平行投影図法を用いて、計画地に整備する個々の施設の形状・寸法・素材・断面構造、植栽樹木の樹種・寸法形状、植栽基盤の構造・支柱などを詳しく正確に表す図面である。
- 必要に応じて、それぞれの施設の平面詳細図、断面詳細図、構造図などを作成する。

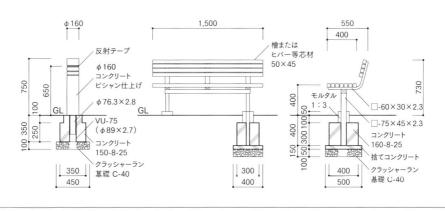

19

1 線の種類

　国のCAD製図基準（国土交通省、2017.3）では、製図に使用する線種として15種が示されている。ランドスケープ製図ではCADによる作図が定着しているが、手描きの場合も含めて、一般的には実線・破線・一点鎖線・二点鎖線の4種を使用している。計画・設計者はこれらの線を施設の外形、寸法の用途に応じて適切に使い分け、計画・設計の意図を正しく相手に伝える図面を作成することが求められる。

実　　線	————————————————————
破　　線	– – – – – – – – – – – – – – –
一点鎖線	— – — – — – — – — – — –
二点鎖線	— – – — – – — – – — – –

2 線の太さ

　製図に用いる線の太さは細線・太線・極太線の3種類で、国のCAD製図基準では、表に示す太さの中から図面の大きさや種類に応じて太さを選択することになっている。また、使用する細線・太線・極太線の太さの比率を1：2：4とすることが定められている。

　手描きの製図ではこの太さに合わせることは難しいが、できるだけ比率を意識して描くことが求められる。

細線（0.13〜0.50 mm）	————————————
太線（0.25〜1.00 mm）	————————————
極太線（0.50〜2.00 mm）	————————————

線種	線の太さ（mm）					比率
細線	0.13	0.18	0.25	0.35	0.50	1：2：4
太線	0.25	0.35	0.50	0.70	1.00	
極太線	0.50	0.70	1.00	1.40	2.00	

線の太さの選択

（CAD製図基準に関する運用ガイドライン、国土交通省、2016.3）

3 線の使い分け

　図面作成における用途に応じた線の種類および太さの基本的な使い分けは、次のように示される。

線種	線の用途の利用例
細い実線	寸法線、寸法補助線、引出し線など
太い実線	外形線など
破線	隠れた部分の外形線など
細い一点鎖線	中心線など
太い一点鎖線	切断線など
細い二点鎖線	一点鎖線との区別が必要な場合
太い二点鎖線	一点鎖線との区別が必要な場合

基本的な線の使い分け

注）線の用途の使用例は、CAD製図基準に関する運用ガイドライン（国土交通省、2016.3）の内容や、ランドスケープ製図での使用例による。

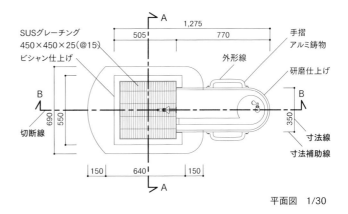

SUSグレーチング
450×450×25（@15）
ビシャン仕上げ

手摺
アルミ鋳物

研磨仕上げ

外形線

1,275
505　770

B

B

690
550

350

切断線

寸法線

寸法補助線

150　640　150

平面図　1/30

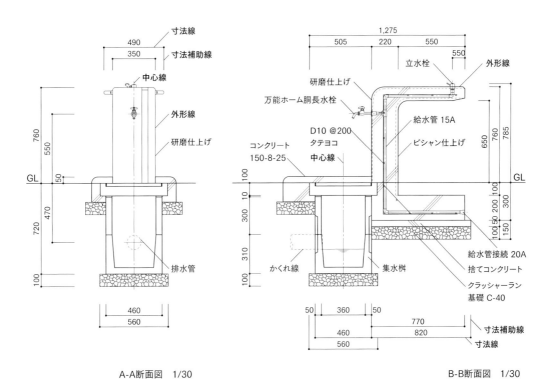

寸法線
490
350　寸法補助線
中心線
外形線
研磨仕上げ

760
550
50
GL

720
470

100

460
560

排水管

A-A断面図　1/30

1,275
505　220　550
550

立水栓
外形線

研磨仕上げ
万能ホーム胴長水栓

給水管 15A

D10 @200
タテヨコ
中心線

ビシャン仕上げ

650
760
785

コンクリート
150-8-25

100
10
300

310
100

かくれ線

集水桝

GL

100 50 200 100
300
150

給水管接続 20A
捨てコンクリート
クラッシャーラン
基礎 C-40

50　360　50
770
460　820
560

寸法補助線
寸法線

B-B断面図　1/30

施設詳細図に用いられている線の使い分けの例

定規線とフリーハンド線の描き方

　手描き線には、ドラフターや三角定規・テンプレートなどを使って描く「定規線」と、用具を用いずに描く「フリーハンド線」がある。

　定規線は、直線や円の形を持つ施設を正確に表現する場合、施設・土地の寸法を表示する場合に用いる。定規を用いることで、描き出しから描き終わりまでぶれない線を安定して描くことができる。

　フリーハンド線は、定規線では表現できない樹木の幹・枝・葉、景石、水流等の自然物を表現する場合や、計画・設計の様々なアイデアを下図やスケッチで表現する場合などに用いる。直線や円の形にとらわれない自由な線が描ける。

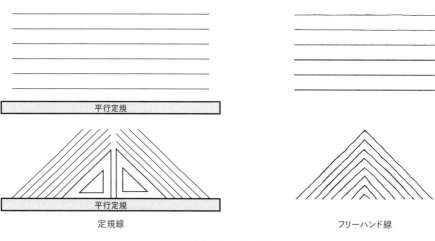

定規線とフリーハンド線

5-1 定規線の描き方

　製図の1本の線は、同じ幅・同じ濃さであることが基本であり、このためには線の引き始めから引き終わりまでを一定の力とスピードで描くことが必要である。途中で休むと線がずれたり、幅が変わったりする。

　筆記用具は定規の縁に沿って垂直に立て、描く方向に少し傾けるとスムーズに線が描ける。

　目線は筆記用具の芯の先が見える位置に置き、線の幅や濃さを確認しながら目で追っていくようにする。

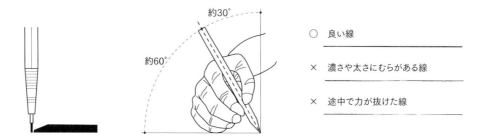

1 水平線

- 右利きの人は、線がずれないように定規をしっかり固定し、左から右方向に引く。
  左利きの人は逆。

2 垂直線

- 左から線を描き始める場合は、平行定規に三角定規をあてて下から上方向に引く。この場合、左手は、定規が動かないようしっかりと押さえておく。
- 何本も引く場合は、図面が三角定規で汚れないよう左から右へ定規をずらしながら引く。
- 右側から線を描き始める場合は、上から下方向に引く。

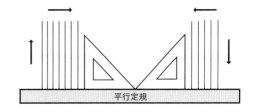

3 斜線

- 右上がり斜線の場合は、左下から右上に向けて引く。
- 何本も引く場合は、図面が三角定規で汚れないよう左から右へ定規をずらしながら引く。
- 右下がり斜線の場合は、左上から右下に向けて引く。

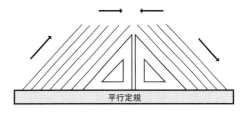

4 三角定規の組合せによる角度線

- 2種類の三角定規の角度を利用することや、その組合せなどにより様々な角度の斜線を引くことができる。

角度	定規の組合せ
15°	30°–60°定規の斜辺と45°定規の組合せ
30°	30°–60°定規の30°角を利用
45°	45°定規の45°角を利用
60°	30°–60°定規の60°角を利用
75°	30°–60°定規の斜辺と45°定規の組合せ
90°	30°–60°定規の90°角を利用

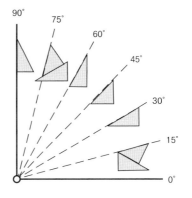

5 円の線

- テンプレートを用いて円を描く場合は、線がずれてつなぎ目が目立ったり、つなぎ目がはっきりと分かったりしないよう、スムーズな線のつながりを心掛ける。
- このためには、円の書き始めの部分を少し薄めにし、終点部分を少し重ね描きするとつながりの良い線が描ける。

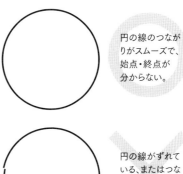

円の線のつながりがスムーズで、始点・終点が分からない。

円の線がずれている、またはつながっていない。

1 様々な線

　下の線を参考にしながら、その上にトレーシングペーパーを重ねて、直線・円形をなぞってみよう。間隔の狭い線を平行に引く練習を重ねることで、線を正確に描く技術を身につけることができる。

2 平面図

- 下図をA3サイズに拡大し、その上にトレーシングペーパーを重ね、三角定規やテンプレートを用いて図面をなぞってみよう。
- 曲線部分はテンプレートを用い、丁寧に滑らかに描くこと。
- 施設の名称や樹木も描き込んで平面図を完成させよう。

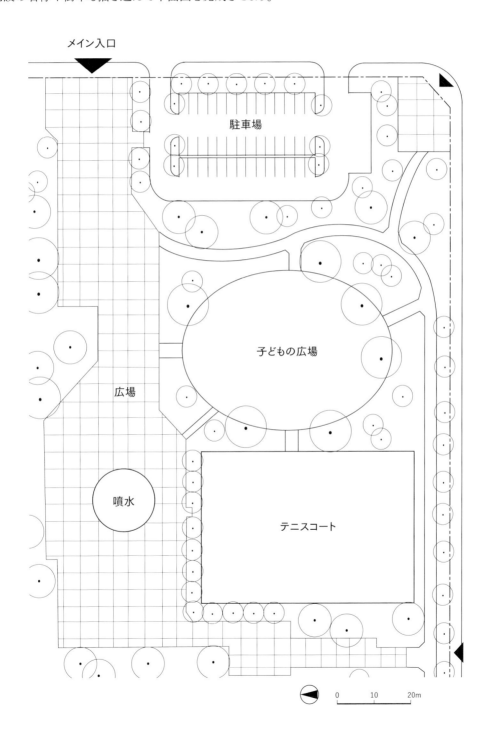

メイン入口

駐車場

子どもの広場

広場

噴水

テニスコート

0　10　20m

25

5-2 フリーハンド線の描き方

フリーハンド線はランドスケープ製図の基本をなすもので、単純な線から複雑な線の組合せ表現までが求められることから、次のようなステップを踏んで表現技術を高めていくことが望まれる。

第1ステップ

最初は、単純な直線（水平線、垂直線、斜線）や三角形、円、曲線などを描く。

第2ステップ

自分で様々な線を考え、その表現を繰り返したり、変化をつけたりする。

第3ステップ

山、川、樹林・樹木、畑・水田、雲などをイメージした様々な模様の線を考え、それを組み合わせて1枚の図面にまとめる。

---

work ② ▶ **第1ステップ　単純な線を描いてみよう。**

- 最初は手首が動く範囲の短い線を描くことから始めて、次第にその長さを伸ばしていき、肘から先を動かしてフリーハンド線を描くようにしよう。
- 下図の線を参考にしながら、その上にトレーシングペーパーを重ねてなぞってみよう。
- 一定のスピード感を持って、線の始めから終わりまでが同じ太さ・濃さになるように描こう。
- 線と線の間隔をそろえる。線の間隔を狭くして、線が交わらないように描く練習をしてみよう。
- 水平線、垂直線、斜線、円線、楕円線、三角線、折返し線、曲線など、様々な線を描く練習をしよう。

水平線

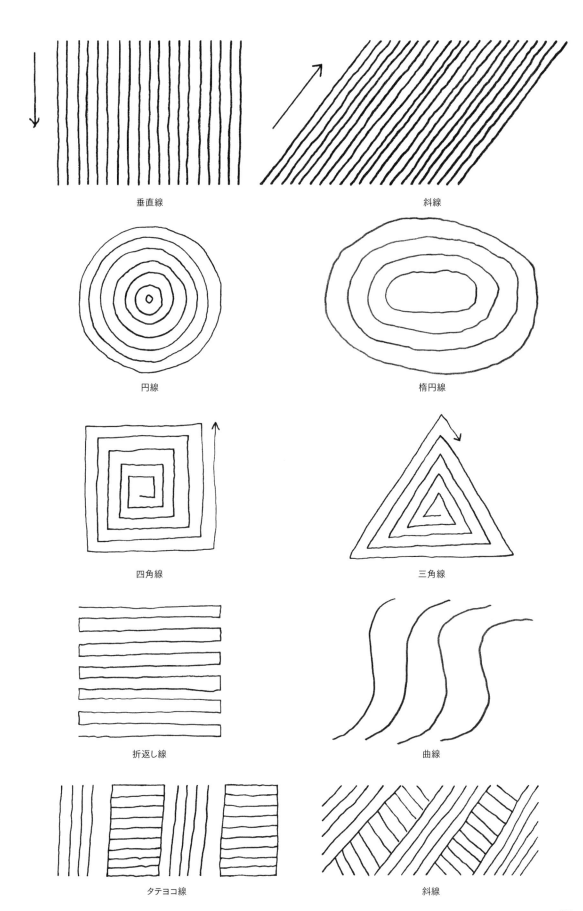

垂直線

斜線

円線

楕円線

四角線

三角線

折返し線

曲線

タテヨコ線

斜線

1 ┊ 同じ表現を繰り返す

- ❂ フリーハンドで、左の線を一定のスピードで連続して描き、フリーハンド線を自由に描く技術を身につけよう。
- ❂ 同じ表現の繰り返しから始めて、少しずつ「粗い・細かい」「濃い・薄い」「太い・細い」などの変化をつけてみよう。

2 | 表現に変化をつける

● 左の枠内の表現を参考にして、少し複雑な線を描いてみよう。

● 正確さよりも、まずは一定のリズムで連続して描いてみよう。

3 意味を持つ線を描く

- ランドスケープ製図では、軸・帯・拠点、方向・誘導、区域・範囲などを線で描き、模式図・構想図などとして表現する場合が多い。
- 意味を持つ線を練習して、図面の下描きやスケッチなどに役立てよう。

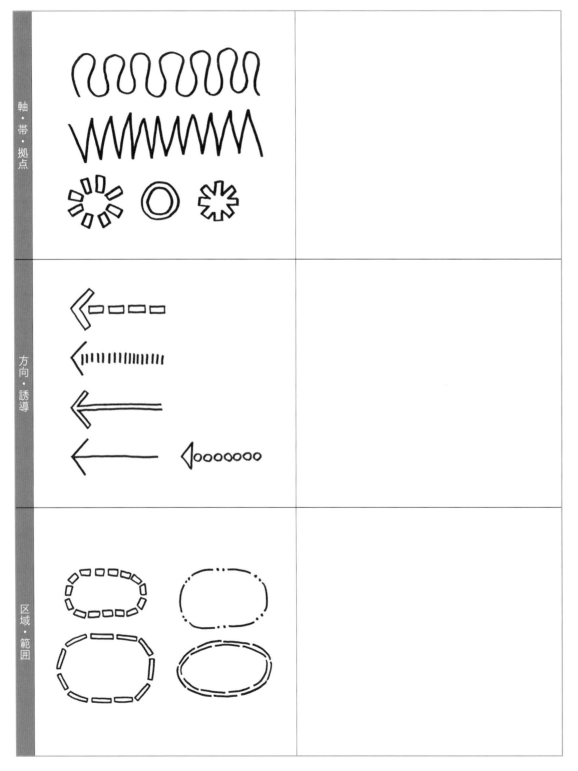

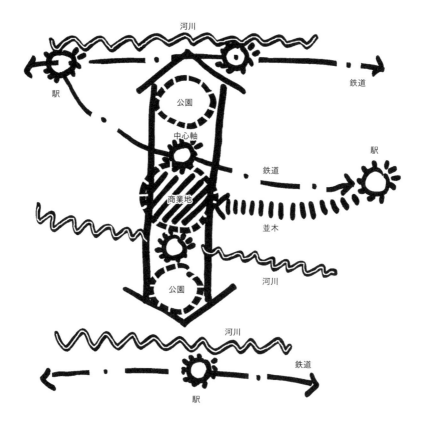

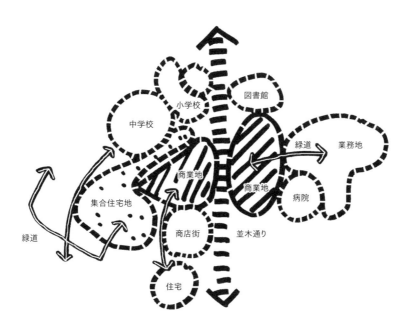

1 図面をトレースする

- 第2ステップまでの練習を活かして、地形、森、樹木、畑、川、道、家などをイメージし、自由に表現してみよう。
- 最初は下図の上にトレーシングペーパーを重ねてなぞってみよう。この場合、細かな点は気にせず1枚の図にまとめてみる。何枚か描く中で、風景の構図を大きくつかみ取っていくようにしよう。

2 写真を見て風景を描く

- 次の写真から公園の近景を読み取って描いてみよう。
- まずは風景の骨格となる樹木や広場を描き、次第に様々な線を描いて全体を表してみよう。

3 訪れた場所の風景を描く

- 下図を参考にしながら、別紙に郷土や訪れた場所の風景をフリーハンドで描いてみよう。
- 背景をなす山並みと手前の建物や樹木・樹林の大きさのバランス、強調する線と薄めに描く線などの構図を考えながら完成させてみよう。
- 着色は、全体を同じ濃さに塗るのではなく、グラデーションをつけて背景をなす部分と強調すべき部分などの違いを表現する。また、最初は淡い色で塗り始め、全体のバランスを確認しながら段々と濃くしていくと、やり直しが少なく効果的な仕上がりにつながる。

事例：山並みと里の風景

事例：山・里・海辺の風景

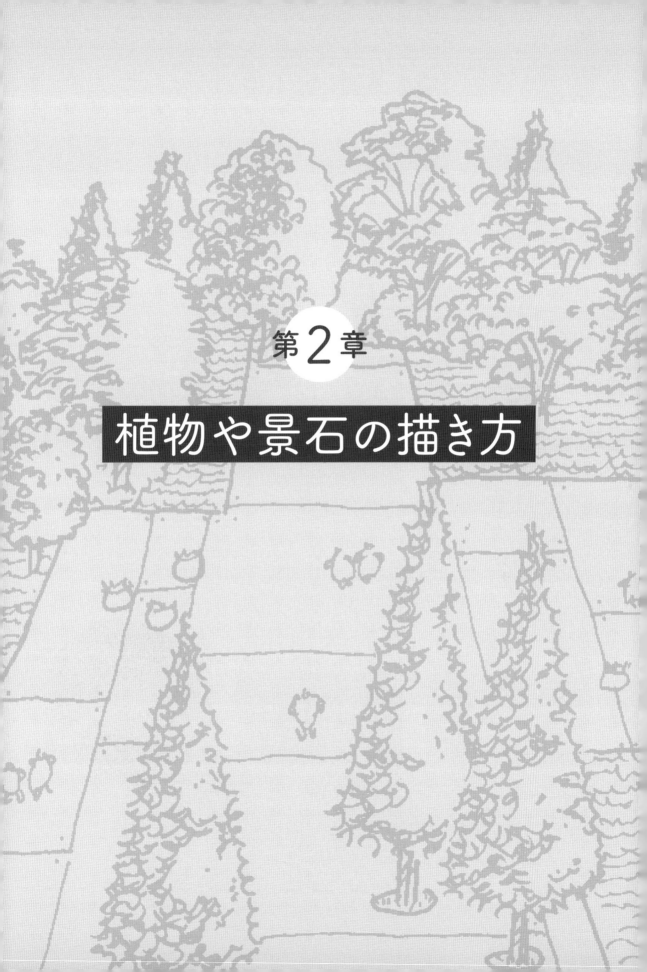

第2章

植物や景石の描き方

6-1 様々な違いによる樹木の区分

植物はランドスケープ計画・設計の基本をなす要素であり、製図では計画・設計意図に沿って植物を立面的、平面的に描く作業が欠かせない。ランドスケープ計画・設計で用いる植物は、「形状」「常緑樹と落葉樹」「葉の形」「高さ」「樹形」などの違いによって次のように区分される。

この区分は、植物を描く場合の基礎知識として理解しておくことが必要である。

1 形状の違いによる区分

| 樹木 | タケ・ササ類 | 特殊樹木 |

木質の茎を持ち、長年にわたって成長し続ける植物

クスノキ、ケヤキ、クロマツ、ツバキ、キンモクセイ、ヒノキ、ヤマモモ、サクラ類、コブシなど

茎が固く木化する植物

モウソウチク、トウチク、クロチク、マダケ、クマザサ、オカメザサなど

幹が直立し枝がないなど、特色ある樹形を示す植物

ソテツ、シュロ、ビロウ、フェニックス、リュウゼツランなど

木本植物

木質の茎を持たない植物。一・二年草と多年草がある

スイセン、チューリップ、ポピー、ダリア、マーガレット、マリーゴールドなど

ほかの植物や壁などの物体を支えにして茎を伸ばす植物

キヅタ、アケビ、ツルバラ、フジ、キウィ、サネカズラ、テイカカズラなど

地表面を密に覆う植物

コウライシバ、ノシバ、ベントグラス、ブルーグラス、タマリュウ、リュウノヒゲ、シバザクラ、コケ類など

草本植物　　　　　つる性植物　　　　　地被植物

2 常緑樹と落葉樹の違いによる区分

年間を通して緑の葉が保たれている樹木

クスノキ、シラカシ、ツバキ、タイザンボク、スギ、ヒノキ、マツ、ヒマラヤスギなど

常緑樹

春に新芽が開き、秋に落葉する樹木

ケヤキ、サクラ類、コナラ、カキノキ、シラカンバ、カシワ、コブシ、ナナカマドなど

落葉樹

3 葉の形の違いによる区分

葉の形が広い樹木

ケヤキ、クスノキ、サンゴジュ、ナナカマド、ネズミモチ、アラカシ、シラカンバ、サルスベリ、コナラ、ハナミズキ、カキノキ、カツラなど

広葉樹

葉の形が針状の樹木

カラマツ、メタセコイア、アカマツ、クロマツ、カヤ、コウヤマキ、ヒマラヤスギ、スギ、ヒノキ、イヌマキ、カイヅカイブキ、サワラなど

針葉樹

4 高さの違いによる区分

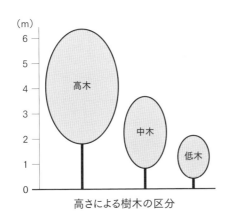

高さによる樹木の区分

高木：一般的には、樹高が5〜6m以上の高さに伸びる樹木で、幹と枝の区別が明瞭である。
ケヤキ、ヒマラヤスギ、アカマツ、クヌギ、クスノキ、ソメイヨシノなど

中木：一般的には、樹高が3〜4mの樹木である。
イヌマキ、カイヅカイブキ、サンゴジュなど

低木：一般的には、樹高が3m以下の樹木（灌木）で、幹が株立ちのものが多い。
アオキ、クチナシ、ジンチョウゲ、ツツジ類など

樹木の形は、幹と枝の分かれ方や樹冠の形などから、基本的に次のようなタイプに区分される。

円柱型

ポプラ、カイヅカイブキなど

円・楕円型

クスノキ、シラカシ、スダジイなど

台形・卵型

ユリノキ、プラタナス、クヌギなど

盃型

ケヤキ、エノキ、ハクモクレン、
イロハモミジなど

円錐型

スギ、ヒノキ、メタセコイア、
イチイなど

傘・枝垂型

サクラ、シダレヤナギ、
キンモクセイなど

不定型

ソテツ、シュロ、ドラセナ、ビロウなど

6-2 樹木の各部位の名称と規格表示

樹木は、「根」「幹」「枝・葉」で構成されており、
樹木の規格は樹高・枝張・幹周で表す。
また、枝と葉の塊を樹冠という。

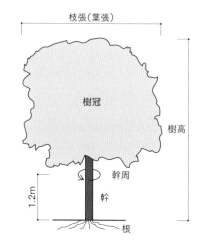

樹木の各部の名称

樹高（H）　　　　：樹木の高さ樹冠の頂端から根鉢の上端までの垂直高（height）
枝張（葉張）（W）：樹木の四方面に伸長した枝（葉）の幅（width）
幹周（C）　　　　：根鉢の上端より1.2 m上りの位置の樹木の幹の周長（circle）

（公共緑化樹木等の品質寸法規格基準（案）第5次改訂、国土交通省）

6-3 樹木の幹と枝の関係

樹木の幹は、1本の主幹がまっすぐに成長するタイプのものが大部分であるが、曲がって成長するものや数本立ちのものもある。

枝の形はヨコ向き、上向き、下向き、斜め向きなど様々なタイプのものがある。

1 主枝がヨコまたは上向き、小枝がヨコ向きに伸びるタイプ

主枝・小枝ともにおおむね横方向に伸びる。

幹が湾曲し、主枝・小枝がおおむね横方向に伸びる。

主枝は上方向に伸び、小枝は横方向に伸びる。

主枝は強い角度で上方向に伸び、小枝は横方向に伸びる。

2 主枝・小枝が上向きに伸びるタイプ

主枝、小枝ともに上方向に伸びる。

主枝は斜め上方向に、小枝は上方向に伸びる。

幹に沿うように主枝と小枝が上方向に伸びる。

幹・主枝・小枝ともに、湾曲しながら上方向に伸びる。

3 主枝・小枝が下向きに伸びるタイプ

主枝・小枝ともに下垂する。

主枝は上方向であるが、小枝が下方に湾曲する。

主枝・小枝ともに下方向に伸びる。

4 幹が株状のタイプ

幹が根元から分岐し、枝が上向きに伸びる。

幹が根元から分岐し、枝が上向きに伸びて下垂する。

植物の立面表現

7-1 描き方のポイント

　樹木の立面表現は、透視図やスケッチ、立面図・断面図などで植栽計画・設計の意図を伝えることを目的として行う作業である。絵画に見られるような微細で芸術的な表現は必要ないが、植栽する樹種やその特性、大きさなどが伝わるよう表現することが求められる。

　樹木はそれぞれに形状の異なる自然物であるため、基本的にフリーハンドで描く。この場合、樹木が台地に立っていることを示すために地盤線を描くことや、樹木は四方に枝葉が広がる立方体であるため、扇子を広げたような平面的な表現でなく、枝の方向や位置を変えることで立体的に見えるように描くことが大切である。

　樹木の立面表現には、樹形のアウトラインだけを簡略的に描く手法から、枝葉を含めてきめ細かく描く手法までがあり、目的や求められる精度によって対応が異なることから、様々な描き方を身につけておくことが必要である。

　また、幹・枝や樹冠に影をつけることで立体感を表現することも大切である。この場合、影は太陽との位置関係を考えて、日当たり方向の反対側やまとまりのある葉の下側を濃く描くことで表現する。

　葉が大きい、葉の形に特色があるなどの樹木は、葉の形を描くことで樹種の特色を描き出す。

地盤線を描く　　枝の方向や位置を工夫する　　影をつける　　必要に応じて葉を描く

描き方のポイント

7-2 描き方の手順

　樹木は、まず樹形全体の外郭線を描くことから始めて、段々と細かな表現を加えていくことがポイントである。最初から細かな表現にこだわると、全体のバランスが悪くなったり、特定の部位を必要以上に描き込んだりすることになる。

　幹から始めて、全体の形を整えながら、大枝、小枝、葉の順で描いていくようにしよう。

　また、全体を同じ幅や同じ濃さで描くのではなく、強調する線を加えるなど太さに変化をつけることや、日の当たり具合を考えて幹・枝・葉に濃淡をつけ、影をつくり出すことで立体感を表現することにも留意しよう。

　最後に、全体的な仕上がり具合を見て、加筆・調整し全体を整える。

1 高木（常緑広葉樹）

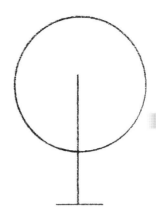

樹木の高さ・幅・中心線の
基本線を描く。

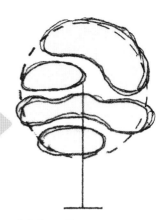

基本線を下敷きにして、おおまか
な幹・大枝・葉の塊の位置を描く。

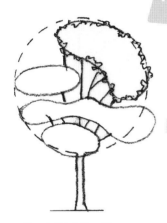

幹・大枝と中枝・葉のおお
まかなまとまりを描く。

幹・大枝と中枝・葉の塊をひと通
り描いて、全体の形を整える。

葉の塊に模様と影をつけて
立体感を表現する。

2 高木（落葉広葉樹）

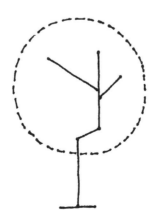

樹木のおおむねの高さ・
幅・基本線を描く。

幹と大枝を描く。

（次頁に続く）

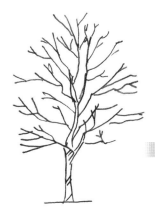

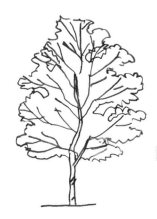

枝を伸ばし、中枝・小枝を描いて全体の形を整える。

樹冠の外形を描いていく。

樹冠の表現を整え、影をつけて立体感を出す。常緑広葉樹と比べて幹・枝を目立たせる。

3 | 高木（針葉樹　マツ）

幹と大枝、枝・葉のまとまりの基本的な形を描く。

幹や大枝から伸びる主要な枝と葉の茂りをおおまかに描く。

マツ特有の枝の伸びを強調し、細かな葉の表現を描く。

葉の表現を全体に広げて樹冠を描き、幹・枝に影を加えて完成。

4 中木（針葉樹の刈込み）

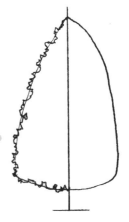

中心線と樹形の
外郭線を描く。

外郭線に沿って葉の形
を描き込む。

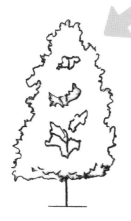

幹・枝が透けて見える部分
をつくり輪郭を描く。

樹形の輪郭を細かく表現し、
影の部分を表現する。

葉に濃淡をつけて立体感
を出し完成させる。

5 低木（刈込み）

半円の基本形を描く。

外郭線に沿って葉の形を
描き込む。

葉に影を表現して濃淡をつ
け、立体感を出して完成。

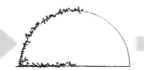

刈込みされた低木の
おおまかな形を描く。

刈込みの形に合わせて濃
淡をつけ、立体感を出す。

第2章 植物や景石の描き方

43

6 │ 生垣

 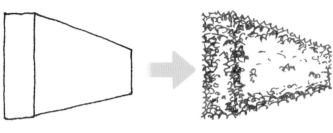

生垣の外郭線を描く。

樹木の特性に合わせた
葉の表現を加える。

7 │ 草本

輪郭線をおおまかに描く。

草花の輪郭を強調する。

花や茎などの表現にメリハリをつける。

群生している状態を描く

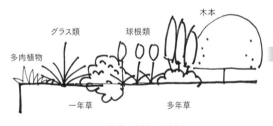 

草花の輪郭を強調する。

花や茎などの表現にメリハリをつける。

立体的に描く

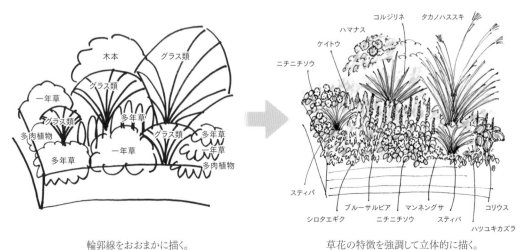

輪郭線をおおまかに描く。

草花の特徴を強調して立体的に描く。

スケッチ風に描く

7-3 樹木の様々な描き方

　樹木の立面表現は様々であり、枝葉の表情を変えることで異なるイメージに仕上げることができる。

　ランドスケープ製図では、対象地の特性や図面の縮尺の違いに応じた表現が求められることから、様々な表現手法を身につけることが必要である。

1 ｜ 高木の常緑広葉樹　外形のみを簡略化して描いたものや、タケ・マツ類は樹種名を省略している。

ヤマモモ　　　　　　ヤマモモ

クスノキ　　　　　　クスノキ

タブノキ　　　　　シラカシ　　　　　シラカシ

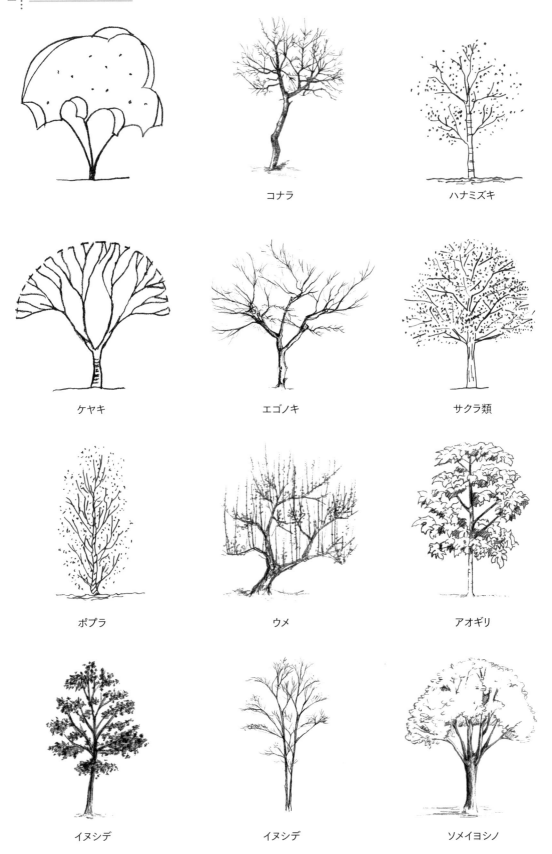

コナラ

ハナミズキ

ケヤキ

エゴノキ

サクラ類

ポプラ

ウメ

アオギリ

イヌシデ

イヌシデ

ソメイヨシノ

3 ┊ 高中木の常緑針葉樹

ヒマラヤスギ

ヒマラヤスギ

イヌツゲ

イヌツゲ（仕立物）

コウヤマキ

ダイスギ

カラマツ

サワラ

4 ┊ 中木の広葉樹

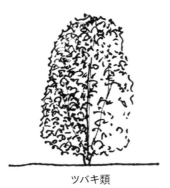

ツバキ類

キンモクセイ

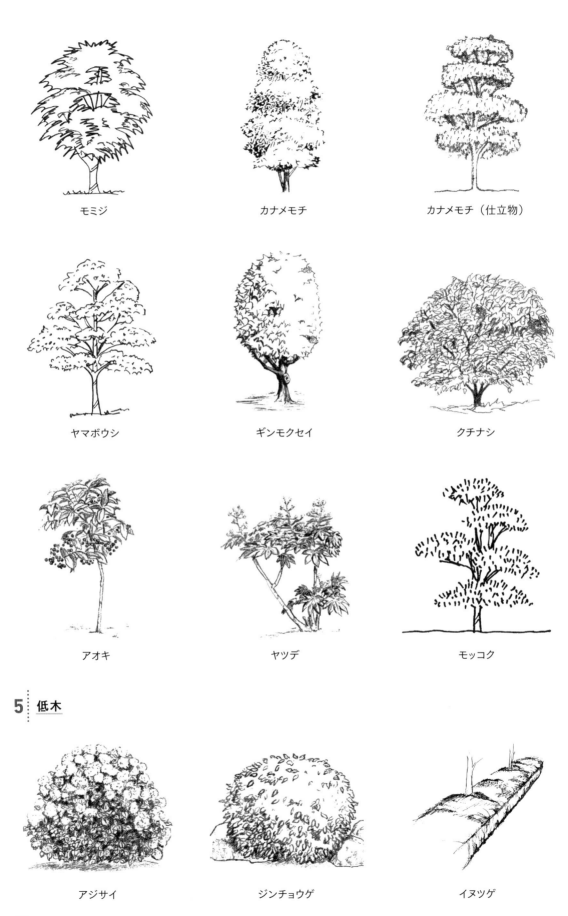

モミジ

カナメモチ

カナメモチ（仕立物）

ヤマボウシ

ギンモクセイ

クチナシ

アオキ

ヤツデ

モッコク

5 低木

アジサイ

ジンチョウゲ

イヌツゲ

6 ┊ 特殊樹形樹木　タケ類

7 ┊ マツ類

8 ┊ シュロ・ソテツ類

ヤシ　　　　　　　　　　　ドラセナ　　　　　　　　　　　シュロ

8-1　描き方のポイント

　樹木の平面表現は、真上から見た状態を図化したもので「円形」で表す場合が多い。

　樹木の平面表現も立面表現と同様に、円のアウトラインだけを描く簡略的なものから、円の内部に枝葉をきめ細かく描くものまであり、対象地の特性や図面の縮尺の違いに応じた表現が求められることから、様々な表現手法を身につけることが求められる。「円」は樹木の枝張の幅（W）を示し、図面のスケールに合わせて大きさが決まる。この円の中心部に幹を表現し、円に沿って樹種に合わせた枝や葉を表現する。平面表現では立面表現のように樹種の違いを描き出すことには限界があるが、常緑樹と落葉樹、広葉樹と針葉樹の違いなどがイメージできるような表現を心掛けよう。また、円の外側や内側の模様に変化をつけることで立体感を表現することも大切である。

　樹木がまとまって樹林を形成する場合は「1本ずつではなく樹木のまとまり」として表現することもある。また、低木や生垣も、1本ずつや1株ずつではなく、まとまりとして表現するのが一般的である。

　芝生などの地被類は点や点線で描くが、面積が大きい場合は全面を表現するのではなく、芝生地の境界沿いや植栽樹木などの輪郭部に限定して表現することもある。

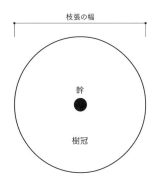

図面のスケールに合わせて、枝張の幅と同じ大きさの円を描く。

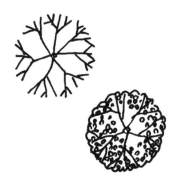

落葉樹は幹・枝のみを描き、常緑樹は幹・枝・葉を描く。

広葉樹は「丸み」、針葉樹は「とげとげ」が感じられる表現とする。

樹林は、樹木を組み合わせたまとまりとして描く。

低木や生垣は、まとまりとして描く。

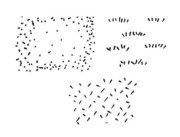

地被類は、点や点線で全面的または部分的に描く。

樹木の平面表現

8-2 描き方の手順

　平面表現では、まず樹形の大きさを決めて外形となる円を描き、タテ・ヨコの十字線を引いてその中心部に幹を描くことから始める。幹は小さな丸印や点で表現する。

　次に枝張（葉張）を描くが、下図のように円の縁に沿って模様を描く、円全体に主枝・小枝を描くなど様々な表現が考えられる。まずはその一部を描いて樹種の特性に合っているかを確認し、樹冠全体に広げていくことが望ましい。

　この場合、樹木の枝葉は幹から伸びていくという原則に従って、模様が中心部の幹から外に向かっているように描くことが大切であり、見た目にも整っているように感じられる。

　また、立面表現と同様に、枝葉を描き込む部分と描き込まない部分を設けて陰影をつけると、立体感のある表現が得られる。

　低木や生垣、草本類などは、一本一本を描くのではなく、植栽地の一団をまとまりとして外形線を先に描き、その中または外側に模様を描いていく。

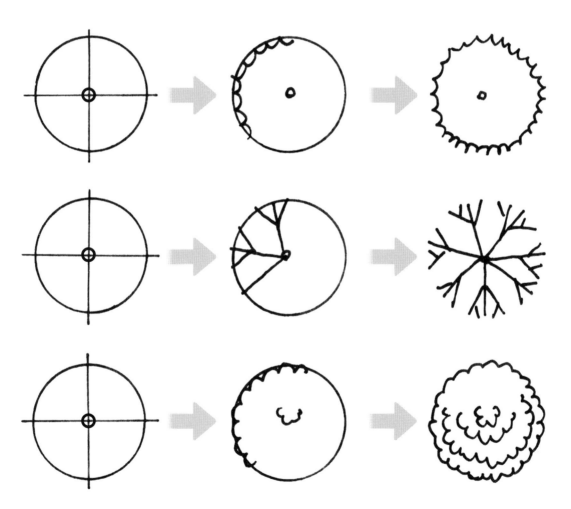

テンプレートなどを用いて外郭線の円を描き、中心点を示す。この外郭線は下描き線であるため、薄く描く。円の中心部に幹を示す丸印を描き入れる。

幹・大枝や樹種に合わせた外郭線沿いの葉の模様などを描く。この場合、模様の線が円の中心点から外に向くように描くと整った表現になる。

小枝や葉の模様を仕上げる。

　樹木の平面表現には特に決まりはなく、樹種に合った表現であるかがポイントとなる。参考例として、下図のような様々な模様が考えられる。

種類	樹木の平面表現

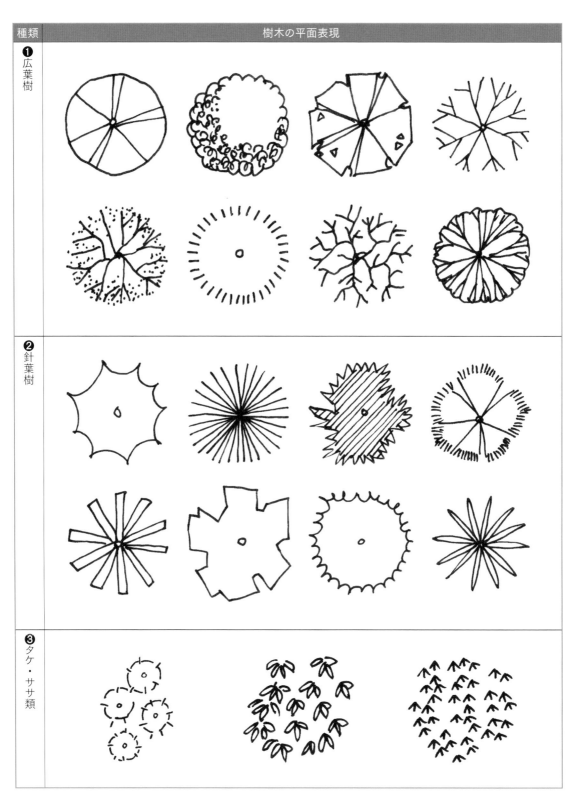

❶広葉樹	
❷針葉樹	
❸タケ・ササ類	

種類	樹木の平面表現

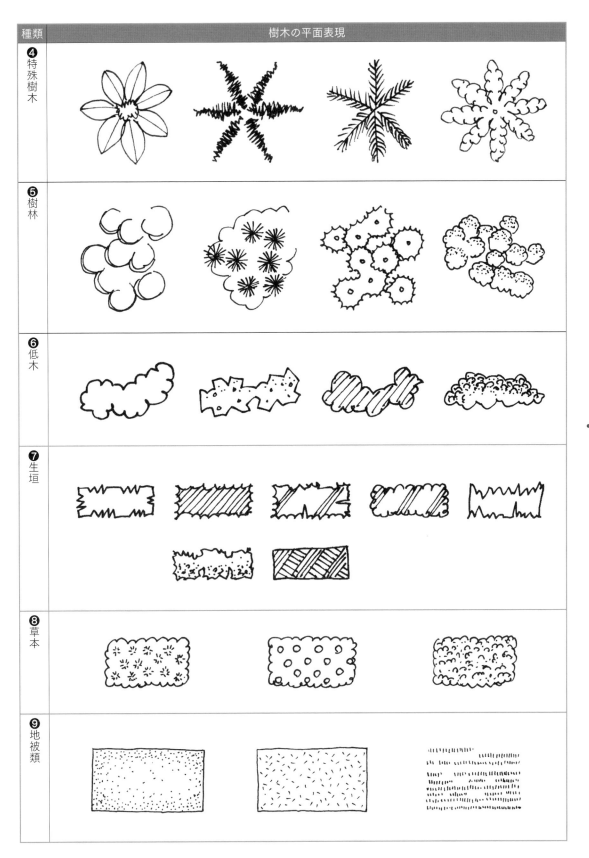

❹ 特殊樹木

❺ 樹林

❻ 低木

❼ 生垣

❽ 草本

❾ 地被類

第2章

植物や景石の描き方

53

第 **9** 節 植物の組合せ表現

9-1 描き方のポイント

　ランドスケープ製図では、実際には1本の樹木だけを単独で描くことは少なく、公園や庭園の対象地内の樹木などを一体として描くのが一般的である。この場合、表現に遠近感やメリハリが感じられるような工夫を行っていくことが求められる。

　具体的には、常緑樹と落葉樹、広葉樹と針葉樹の区別、樹種の違いが分かるように描き分けることや、全部の樹木を同じ「濃さ」や「精度」で描くのではなく、樹木の位置関係（前後）や強調したい樹木（主木）とその他の樹木（背景をなす樹木）などを考慮し、詳細に描く樹木と概略的に薄く描く樹木を区分するなどして表現に変化をつけることが考えられる。また、高木と中低木の樹冠が重なる場所では、高木と中低木の表現に変化をつけることも考慮すべきである。

9-2 組合せ表現

1 立面表現

針葉樹と広葉樹の違いを明確にする。

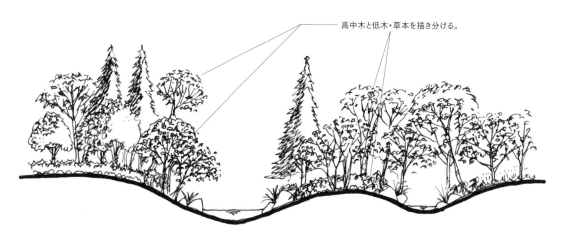

高中木と低木・草本を描き分ける。

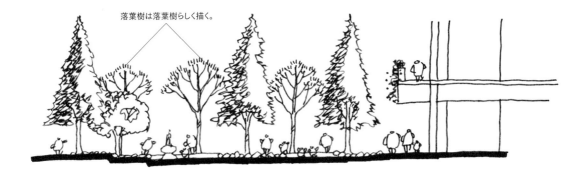

落葉樹は落葉樹らしく描く。

2 ｜ 平面表現

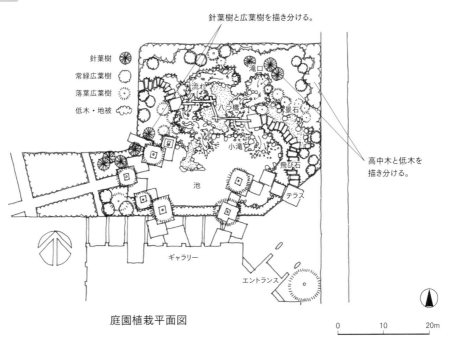

針葉樹と広葉樹を描き分ける。

針葉樹
常緑広葉樹
落葉広葉樹
低木・地被

滝口
流れ
八つ橋
景石
小滝
飛び石
池
テラス
ギャラリー
エントランス

高中木と低木を
描き分ける。

庭園植栽平面図

0　　　10　　　20m

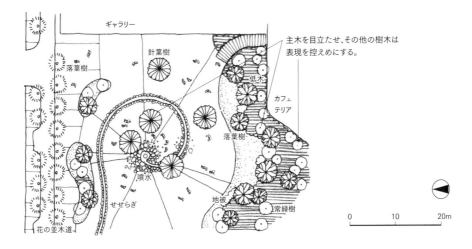

ギャラリー
落葉樹
針葉樹

主木を目立たせ、その他の樹木は
表現を控えめにする。

低木
カフェ
テリア
落葉樹
噴水
せせらぎ
地被
常緑樹
花の並木道

0　　　10　　　20m

都市広場平面図

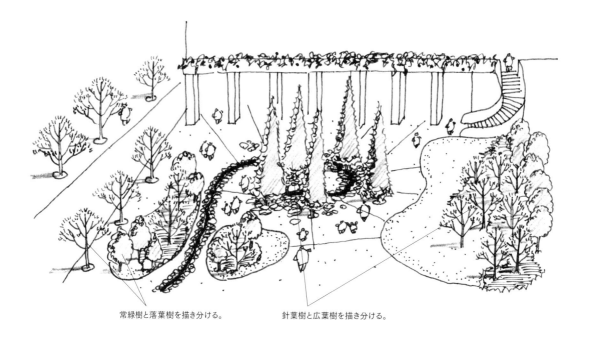

常緑樹と落葉樹を描き分ける。　　　　針葉樹と広葉樹を描き分ける。

針葉樹と広葉樹を描き分ける。

樹形の違いを描き分ける。

❀ 下記の2つの敷地（広場と庭園）に対して、それぞれの空間に適した樹種を設定し、図面上に描き込んで植栽平面図を作成しよう。凡例の欄には、設定した樹種名と図面に表示した樹種の模様を記載すること。

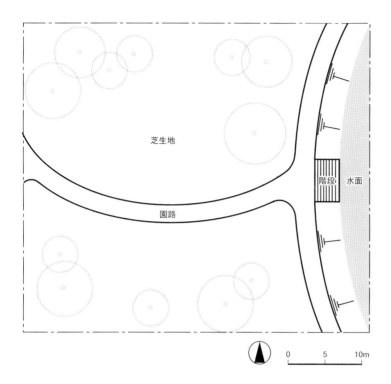

芝生地

階段 水面

園路

0　　5　　10m

❀ 対象地は水面に面した芝生広場で、休憩スペースとしても利用される空間。

❀ 縮尺は1/500

凡例

表示	樹種名

池と流れ

園路

低木

芝地

築山

滝口

四阿

生垣

0　1　2　3　4　5m

❀ 対象地は築山や池などを持つ住宅庭園

❀ 縮尺は1/200

凡例

表示	樹種名

第2章　植物や景石の描き方

57

第10節 景石の表現

10-1 基礎知識

　景石は日本庭園などに配置される自然石で、庭園景観を構成する重要な素材である。景石に用いられる岩石の種類は火成岩、堆積岩、変成岩などであり、一般には生駒石、小松石、伊豆石など出産地の庭石名が用いられている。

景石に用いられる岩石

岩石の種類	特性	岩石名
火成岩	火山のマグマが地中や地表で冷却され、結晶化したもの	花崗岩、安山岩、玄武岩など
堆積岩	川の流れ・波・風によって岩や土壌が沈降・堆積して生成されたもの	砂岩、石灰岩、凝灰岩など
変成岩	火山石や堆積岩が火山活動や地殻変動で変化し、再結晶化したもの	結晶片岩、大理石、蛇紋岩、蛇灰岩など

景石の名称と特徴・用途

景石名		産地名	特徴・性格	用途
花崗岩系	本御影石	兵庫県御影地方	硬度、色沢とも良	灯籠、沓脱石、景石
	伊勢御影石	三重県三重郡	硬質、さびつきやすい	沓脱石、景石、水鉢
	生駒石	奈良県生駒地方	青味を帯びる	庭石、景石、石組み
	丹波鞍馬石	京都府亀岡地方	鉄さび色	沓脱石、飛び石、水鉢
	白川石	京都市左京区白川	風化早く、さびつきよし	灯籠、水鉢、景石
	筑波石	茨城県筑波地方	山さびあり、黒色系	庭石、景石、石組み
	小豆島石	香川県小豆島	石理発達し、さびつきよし	景石、灯籠、飛び石
	稲田石	茨城県稲田山	白色系黒斑、目立つ	碑石、舗石
安山岩系	小松石	神奈川県真鶴地方	風化しにくい灰色	敷石、礎石、門柱
	根府川石	神奈川県根府川	板状節理、あめ色で硬い	碑石、板石、飛び石
	鉄平石	長野県諏訪・佐久地方	板状・柱状節理、青味・赤味あり	飛び石、景石、敷石
	伊豆石	静岡県韮山・大仁	産地により山石	自然石の景石
	六方石	静岡県大仁・沼津	柱状節理、四・五・六角	石柵、土留
凝灰岩系	大谷石	栃木県宇都宮市	軟質で加工が容易、青緑・白色・灰緑など	積石、敷石、壁体
緑泥片岩系	伊予青石	愛媛県三崎地方	青磁色、青緑色で硬い	景石、飛び石、飾石
	秩父青石	埼玉県荒川上流地域	青白系、紫・紅色もあり	景石、碑石
	紀州青石	和歌山県紀伊半島	伊予青より軟質	景石、飛び石、組石

（日本造園学会編『造園ハンドブック』技報堂出版、1979より作成）

小松石

根府川石

大谷石

10-2 景石の部位の名称

　景石は、形状や据付け時の用途の違いなどから、高さを活かす「立石」、横面の長さを活かす「横石」、平べったさを活かす「平石」などに分類される。

　また、据付け時に見える部位には、それぞれの次のような名称がつけられている。

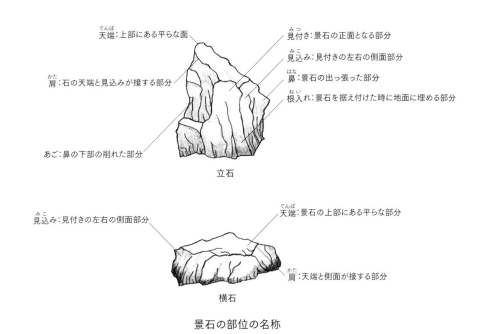

天端：上部にある平らな面
肩：石の天端と見込みが接する部分
あご：鼻の下部の削れた部分
見付き：景石の正面となる部分
見込み：見付きの左右の側面部分
鼻：景石の出っ張った部分
根入れ：景石を据え付けた時に地面に埋める部分

立石

見込み：見付きの左右の側面部分
天端：景石の上部にある平らな部分
肩：天端と側面が接する部分

横石

景石の部位の名称

10-3 描き方の手順

　日本庭園、住宅庭園、庭園風広場などの設計では、石組みや景石の配置が空間の質を決定づける要素となる。製図では 1/50 ～ 1/200 スケールの平面図・立面図・スケッチなどで、景石とその組合せとしての石組みの構成を表現する。

　景石の描き方は、樹木と同様に外郭線を描くことから始めて、段々と細かな表現を加えていくことが基本である。また、立体的な表現とするために濃い影や薄い影をつけることも同様である。

1 立面図

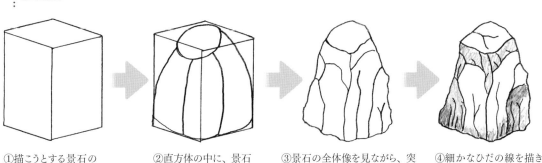

①描こうとする景石の大きさを決め、直方体の外枠を描く。

②直方体の中に、景石の外枠のおおむねの形を描く。

③景石の全体像を見ながら、突き出している線、削られている線などの基本的な線を描く。

④細かなひだの線を描き込み、最後に影をつけて立体感を表現する。

2 平面図

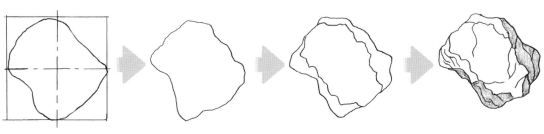

①表現する景石の大きさ
を設定し、外形をおお
まかに描く。

②①を目安にして、景石
底部の外形を描く。

③底部よりも、上部の方が削
られて小さくなっているよう
に、線を入れて表現する。

④全体のバランスを見て、細か
な線を加える。また、立体的
に見えるよう影を表現する。

10-4 景石の様々な表現

　景石の形は同じものはなく、石の種類によっても表情が異なる。景石には天端や肩、見付き、見込みなど
があり、大小の窪みや削れた部分もあるため、その部分を線で表し陰影をつけることで立体感を出し、荒々
しい感じや滑らかな感じの景石を表現する。

1 立面表現

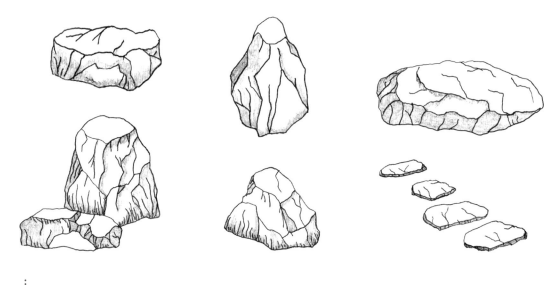

2 平面表現

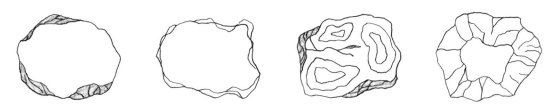

　造園で用いる景石は、敷石や飛び石、庭園内の石組み、滝口や流れ、蹲踞（つくばい）などに複数の石を組み合わせた形で用いられることが多く、それぞれに役石の名称と配置が定められている。

　庭石の石組みでは二石、三石、五石、七石と組み合わせていくのが基本で、このうち三石組みでは、3つの石が不等辺三角形になるように主石、副石、添え石を配置していく。

　また、石組みでは、組み合わせる石の形や大きさをそろえない、一直線に並べない、天端の高さをそろえないなどの要点があり、この要点を外さないようにバランス良く据え付けていくことが求められる。

　石組みを描く場合は、それぞれの石の外形線を強く、太く描くことで石の輪郭を目立たせ、組合せの状態を明瞭にすることが望ましい。

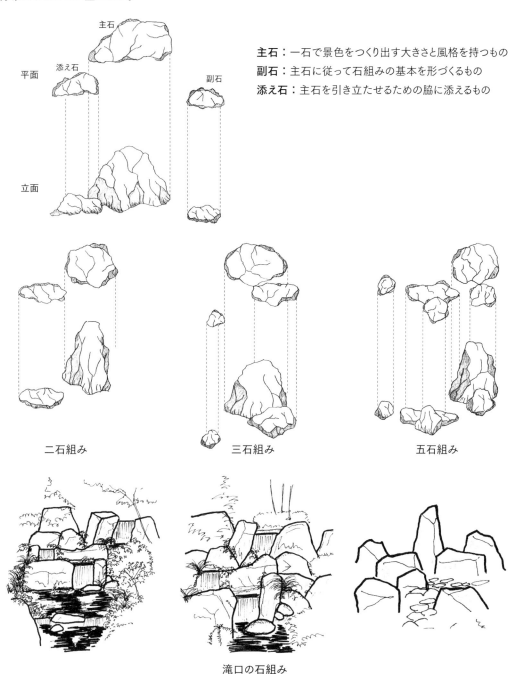

主石：一石で景色をつくり出す大きさと風格を持つもの
副石：主石に従って石組みの基本を形づくるもの
添え石：主石を引き立たせるための脇に添えるもの

主石

平面　　添え石

立面

副石

二石組み　　　　三石組み　　　　五石組み

滝口の石組み

テーマ ガーデン
flower bed

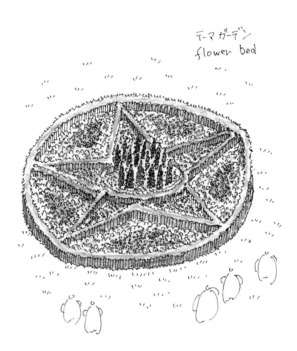

第3章

平面図の描き方

第11節 平面図作成の基本

平面図には、現況平面図と計画平面図がある。

現況平面図は計画・設計のベースとなる図面で、対象となる土地の地形、土地利用、植生等の現況を示す図面である。

計画平面図は、計画・設計者が対象地の現況特性や与条件を考えながら最適な空間像をデザインし、その内容を整備完成時の全体像として示す図面である。

ランドスケープ製図では、平面図作成の基本として次の内容を理解しておくことが必要である。

1 平面図の記載事項

平面図では、一般的に次の内容について記載する。

方　　位：対象地の方位を示す。
縮　　尺：図面を何分の1のスケールで描いているかを示す。
凡　　例：固有名詞、図面番号、作成日、縮尺など、凡例の欄を設けて示す。
面　　積：対象地の敷地規模を示す。
敷地形状：対象地がどのような形（タテ・ヨコ）をしているかを示す。
地　　形：対象地がどのような地形であるかを示す。
施設配置：対象地に設置する施設（園路広場、修景施設、休養施設、遊戯施設、運動施設、教養施設、便益施設、管理施設など）と、その施設の名称、形状などを示す。
配　　植：対象地内のどこにどのような植物を植栽するかを示す。
計画地盤：対象地内の地盤をどのように計画するかを示す。

2 平面図で表現するもの

平面図は、対象地の整備完成時の姿を、実際には見えない鳥の目で真上から見た状態として描くものである。施設、植物、人、土地の高低などが実際にどのように見えるかを理解し、それを平面図としてどう描くかを考え、適切な表現手法を身につけることが求められる。

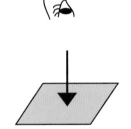

3 計画・設計の作成過程の平面図

平面図では、計画の着想・アイデアをラフに描く段階から、デザインの骨格となる線や下図作成の段階などを経て、最終的に完成図にまとめられる。

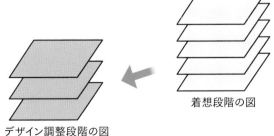

着想段階の図

デザイン調整段階の図

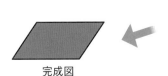

完成図

4 縮尺の違いに応じた表現

計画・設計の対象地は多様であり、規模的にも住宅の庭から大規模な公園緑地まで様々であることから、平面図は1/50、1/100、1/500、1/1,000、1/3,000など、縮尺の違いに応じた表現が求められる。

5 地形の表現

対象地の現況地形や計画に伴う地形の変化・高低差は、等高線や法面（のりめん）記号で表示する。

6 平面図の種類

計画・設計作業では、整備の全体像を示す計画平面図（全体計画図、敷地計画図などとも呼ばれる）だけでなく、下表のような種類の図面を作成する。

計画段階で作成する主な平面図は現況平面図、ゾーニング図と計画平面図であるが、必要に応じて造成・施設・設備・植栽平面図を作成する場合もある。また、設計段階では基本的に設計平面図、求積図、造成・施設・割付・設備・植栽平面図などの作成が求められる。

平面図の種類

種類	内容	必要性	
		計画	設計
現況平面図	対象地の現況地形などを示す図面。	○	○
求積図	対象地の土地の面積を、三斜求積法（図面に示される対象地の区域を複数の三角形に分割して面積を求める方法）で表す図面。求積表が添付される。	—	○
ゾーニング図	対象地の区域を、計画内容に応じた性格の異なる複数のゾーンに区分して表示する図面。	○	—
計画平面図	計画・設計した整備完成時の全体像を示す図面。計画段階だけでなく、基本設計の段階でも精度を高めた全体平面図を作成する。	○	○
造成平面図	対象地の土地について現況の地盤高と、計画・設計により変更になる計画地盤高を示す図面。これにより計画前後の土地の高さが分かる。	△	○
施設平面図	計画・設計される建築物や土木構造物、造園施設の位置・規模・区域などを示す図面	△	○
割付平面図	施設平面図に示す各施設が対象区域のどの地点に位置するか、その長さがどれだけかを表示する図面	—	○
設備平面図	対象地に整備する電気・給水・排水などの設備関連施設の種類・位置・材質を系統図として示す図面	△	○
植栽平面図	対象地に植栽する樹木や草本類、地被類の樹種・位置などを示す図面。凡例を設けて記号・樹種名・形状寸法・支柱の種類を表記する。	△	○

注）○：必ず作成　　△：必要に応じて作成　　—：必要としない

12-1 方位と縮尺（スケール）

　平面図に表示する方位とスケールの表現は、一般には次のようなものが用いられる。

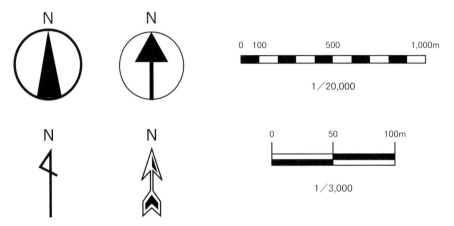

1/20,000

1/3,000

方位
- 平面図では、方位の表示は必須事項である。
- 日照、風向、地形との関係などを知るためにも、必ず記載する。
- 多くの場合、北が真上となるように図面の向きをセットするが、計画地の形状や周囲の状況から、方位を真北からずらして記載する場合もある。
- 方位と縮尺はワンセットで図面の右下あたりに配置するのが一般的である。

縮尺（スケール）
- 平面図では、スケールの表示も必須事項である。
- 平面図での表示は、対象地の規模や敷地の長さ、施設間の距離などを把握するため、バースケールと縮尺数字を併記するのが一般的である。
- バースケールの長さは、図面の大きさと縮尺に合わせて10 m、50 m、100 m、1,000 mなどと決める。

12-2 施設や人の平面表現

　ランドスケープ製図の平面図では、計画・設計する施設やそれらを利用する人が平面的にどのように見えるか、それを図面としてどう描くかを理解しておくことが必要である。

　また、同じ対象地の園路や施設であっても、計画・設計の意図に応じて様々な素材が使用されることから、図面のスケールに応じて素材の違いが分かる表現が求められる。

1 建物

　平面図では、建物は屋根の形を描くことになるので、寄棟型、切妻型、方形型、陸型、入母屋型など、計画する建物の屋根の型と規模・形状を表現できるようにしよう。

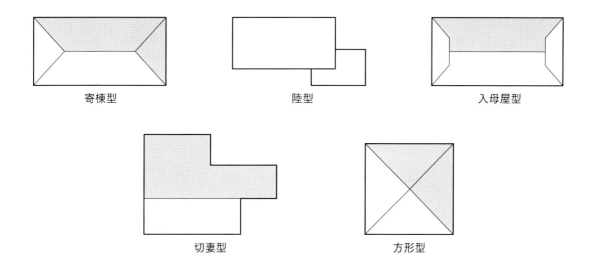

寄棟型 陸型 入母屋型

切妻型 方形型

2 各種施設

ランドスケープ製図では、対象地の計画目的や求められるニーズ、敷地規模などに応じて様々な施設を計画・設計する。

これら施設の平面表現例は下図のように表すが、図面のスケールや種類によって詳細に描いたり、簡略的に描いたりするため、下図の表現例を参考にして、スケールに応じた表現手法を身につけよう。

池・流れ など	池	池	流れ	石組み
遊具	ブランコ	ジャングルジム	すべり台	シーソー
休養施設	ベンチ・スツール	四阿（あずまや）	テーブルベンチ	パーゴラ
運動施設	野球場	テニスコート	陸上競技場	サッカー場
建物・階段 など	建物	階段	石灯籠	築山

スケールに応じた施設の平面表現例

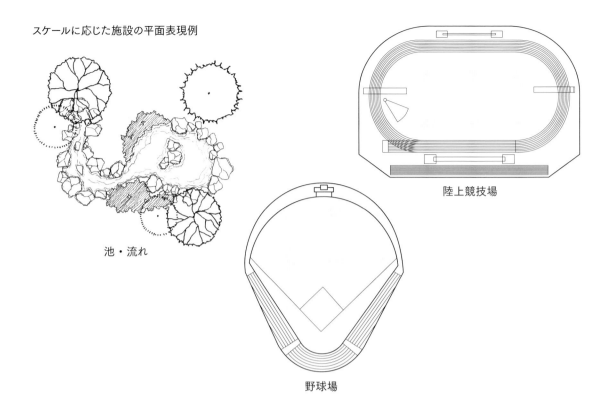

池・流れ

陸上競技場

野球場

3 園路・広場などの舗装材

園路・広場などの舗装材の平面表現は下図のように表される。設計の詳細図では素材の張り方までを詳細に表すが、計画段階の図面ではスケールに応じて表現を省略したり簡略化したりして示すこともある。

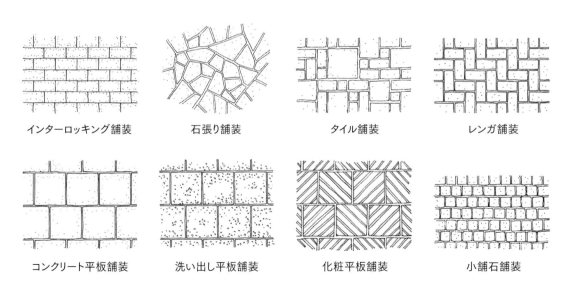

インターロッキング舗装　石張り舗装　タイル舗装　レンガ舗装

コンクリート平板舗装　洗い出し平板舗装　化粧平板舗装　小舗石舗装

4 | 車・人間

車の形は様々であるが、特別な場合を除いて標準的な形状のものを示せばよい。また、図面スケールの違いに応じて外形のみを表現する場合もある。

人間の平面表現は、頭部を中心にして外形線を描く場合が多い。

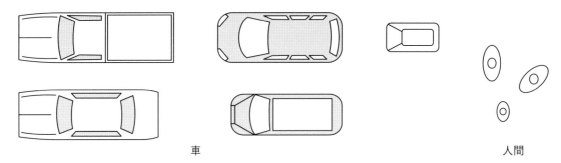

車

人間

12-3 土地の形や高低差の表現

1 | 等高線

ランドスケープの計画・設計では造成平面図の作成が求められるが、特に、起伏のある土地を対象とする場合は、対象地の現況地形を詳細に把握しておく必要がある。そのためには地図情報を入手するとともに、等高線が示されていない場合は地図上の地盤高の数値を基にして下図のような等高線図を作成したり、等高線のみが記されている場合はそこから地盤高を読み取って平面図を作成したりする作業が生じる。

● 土地の形や高低は数値や等高線で表す。

● 地図情報から各ポイントの地盤高を読み取り、等高線を描く。

● 1本の線上は同じ高さであり、等高線を描くことで地形の状況を把握する。

● 標高の最も高い場所が山頂である。

等高線図

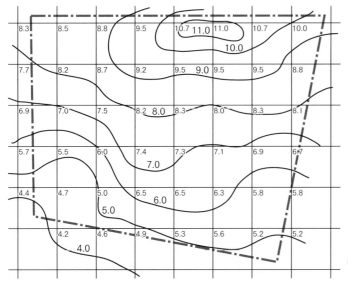

● 等高線の間隔が広い部分は地形が緩やか、狭い部分は地形が急峻であることを表す。

● 等高線と方位・縮尺から、対象地がどの方向に、どのように傾斜しているかを把握する。

※図中の数値は、地盤高を示す（単位はメートル）

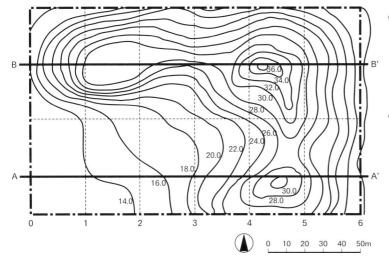

等高線図

- 等高線図に示された地形が実際にどのような形をしているかを知るには、第16節で示す断面図の作成が必要になる。

- 下図は、等高線図とそのA－A'、B－B'線上の断面図を示したもので、これにより土地の高低差や傾斜の度合いなどを読み取ることができる。なお、現況図や計画平面図に断面を描く場所の線を記入する場合は、その位置が明瞭に分かるよう実線で描くことが多い。

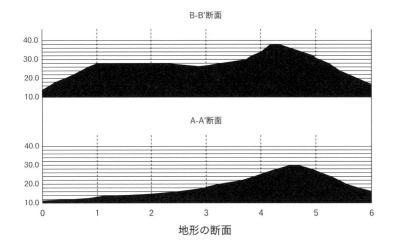

地形の断面

2 造成法面

　ランドスケープの計画・設計では、内容に合わせて対象地の土地の一部を切り盛りし、造成地形を形成する場合も多い。

　こうした造成に伴って生じる斜面地を法面といい、平面図では右図のような表現で高低差を表す。

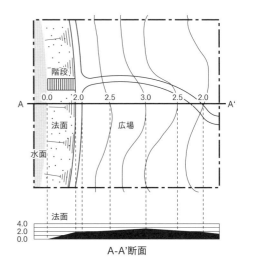

work ❶ ▶ 等高線を描いてみよう。

下図は、土地の地盤高が数値で示されている。ここから数値を読み取り、地形の状況を把握しよう。

- 図面上の土地の地盤高は約9〜14mで5mの高低差がある。この高低差の状況を1mごとの等高線を描いて確認してみよう。

- 地盤高の数値のうち、9.00、10.00などの分かりやすい数値や、それに近い9.01、10.05などの数値を見つけて、等高線をつなぎ9.00〜14.00までの6本の等高線を描いてみよう。

- また、例えば10.82と11.60の数値の間には11.00の等高線があるはずなので、その位置を探して線をつないでみよう。

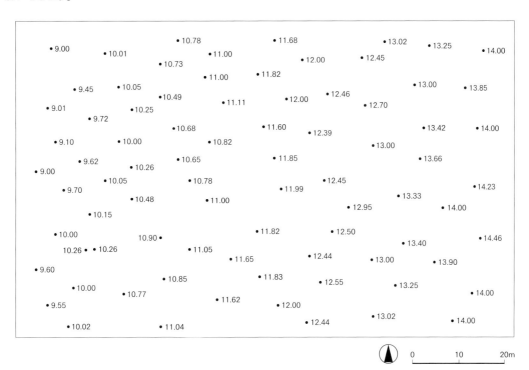

作成例

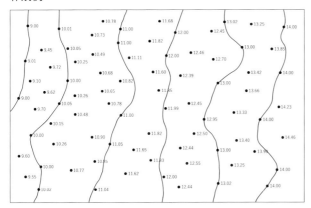

第3章 平面図の描き方

71

13-1 ラフスケッチの表現

　計画平面図は、最終的に寸法・形状を正確に表現し着色して完成図となるが、そこに至る過程では、アイデアを具体的な形に整えていくラフスケッチ、

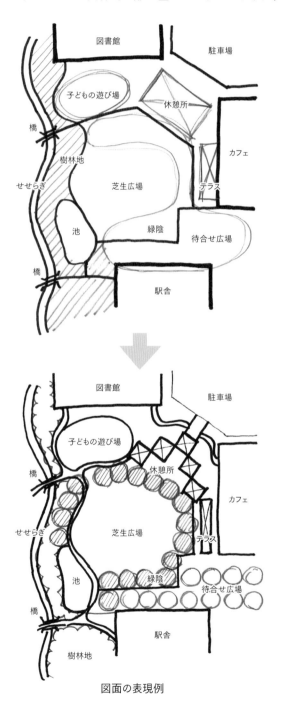

図面の表現例

イメージプラン、仕上げ図などの段階ごとの図面作成が必要となる。

　段階ごとに表現が異なるため、それぞれの手法を身につけておくことが必要である。

　ラフスケッチでは、対象地の特性や与条件を考慮しつつ、着想したイメージをトレーシングペーパーなどに軟らかな鉛筆で自由に描きながら、動線、植栽地、設置する施設などの位置や形をラフに描き、下描きを重ねていく。

- 基本的にフリーハンドで描く。

- 表現方法に決まりはないが、最初の段階では敷地の外形線、計画の骨格となる主要施設や植栽地のおおまかな位置とエリア、園路のルートなどを不定形のゾーンや矢印などでラフに描く。

- 次の段階では、設定したエリアごとに内容を検討し、少し精度を高めた平面スケッチを描く。

- ラフスケッチの段階なので、細かな位置や形などにはこだわらず、空間のイメージが把握できる程度の表現を心掛ける。

- ある程度の形が決まったら、色鉛筆やマーカーで植栽地、建物、園路、水面などを着色するのもイメージを固める効果がある。

- ラフスケッチに、計画する各エリアの名称(芝生広場、休憩所、樹林地など)や、周囲の建物状況などを記入する。

13-2 イメージプランの表現

　ラフスケッチの図を下敷きにして、計画の基本となる線（空間の仕切り線、主要施設の外形、主要動線の
ルート線など）を決定して描く。

　また、各施設の規模や形、それぞれの空間のつながりを検討し、図面の縮尺に合わせて具体的な形を描
き込んでいく。

　この段階では、下絵として着色して色彩のバランスが良いかどうか、また、ラフな断面図を描いて高低差
が適切であるかどうかなどを検討・確認し、仕上げ図に近づけていく。

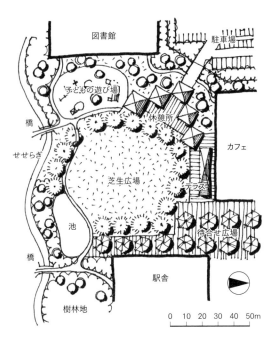

都市広場平面図

- 基本的にはフリーハンドで描くが、直線や円形部
  分は必要に応じて定規線を用いる。

- この段階もトレーシングペーパーを用いて下描き
  を重ね、精度を高めていく。

- 計画する植栽樹木、芝生地、建築物、遊具など
  を細かく描き、完成図に近い表現にまとめる。

- 地形的変化のある対象地では、図面に等高線を
  描いて高低差を表す。

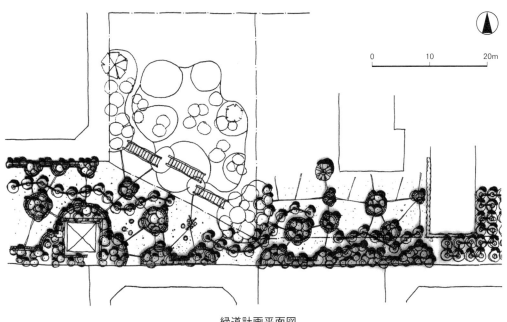

緑道計画平面図

13-3 仕上げの表現（完成図）

この段階では、イメージプランに示した計画内容や各施設の規模・形状などが妥当かどうかを再度検討し、主に定規を用いて正確に線を描く。

- 各施設の素材の違いや植栽樹種の区分なども分かるよう、スケールに応じて表現する。
- 樹木は、ある程度成長した樹冠の大きさを想定して表示する。
- 影付け、着色などを行って図面を完成させるとともに、計画内容を示す凡例、方位、縮尺を表示する。

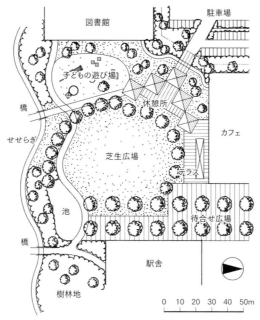

都市広場平面図

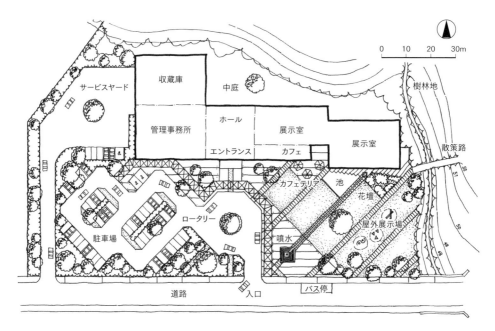

市民ミュージアム計画図（原図は1/500で作成）

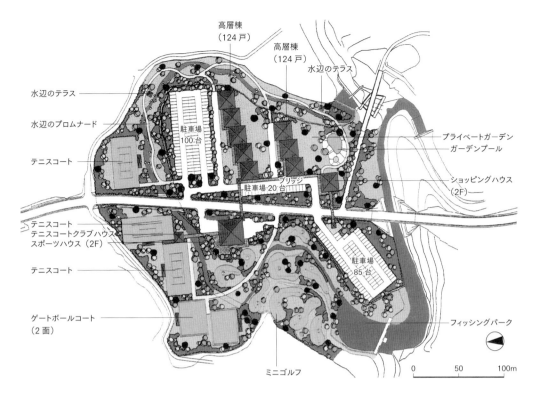

リゾート施設計画図（原図は 1/500 で作成）

13-4 縮尺による表現の違いと留意点

計画平面図は縮尺の違いによっても表現が異なる。

1/50 〜 1/100 程度の図面では、各施設の素材や樹種の違いまでを細かく表現するのに対して、1/500 程度の図面では園路や各施設の位置と形を明確に示すことに重点を置いて描く。また、1/1,000 〜 1/2,000 以上の図面では、計画の全体像を分かりやすく伝えることが大切である。

なお、掲載している図面は紙面に合わせて縮小しているため、原図の縮尺とバースケールの長さは異なる。

1 住宅庭園　縮尺（1/50）

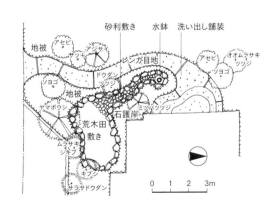

住宅植栽平面図

- 飛び石や石組みを一石ごとに、形、配置までを描く。

- 樹木は高中低木までを樹種の違いが分かるよう表現する。

- 灯籠、蹲踞なども位置、形、大きさを正確に示す。

- 舗装面は、石張り、タイル、芝生などの素材の違いを表現する。

- 池部分は、水の動きも表現する。

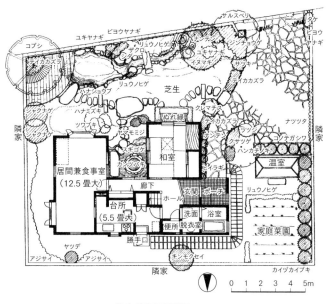

住宅庭園平面図

- 個々の飛び石の形や大きさ、配置を寸法に合わせて描く。

- 舗装面は、仕上がりのイメージが伝わるように全体または一部を省略して描く。

- 樹木は、広葉樹・針葉樹などの違いが分かるよう表現する。

- 建物の間取りを表示し、住宅と庭園との関連性を明らかにする。

2 街区公園 縮尺（1/300）

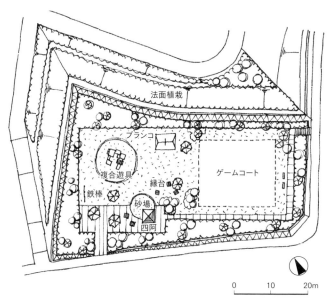

街区公園計画平面図

- 園路の形や各施設の位置と形を正確に描く。

- 建築物や主要施設は、外形だけでなく、施設の内容が読み取れるよう表現する。

- 樹木は、高中木と低木の配植、おおまかな樹種の違いなどを表現する。

- 舗装面は、必要に応じて素材の違いを簡略化して描く場合や、レンガ舗装、土系舗装など素材の名称のみを記載する場合がある。

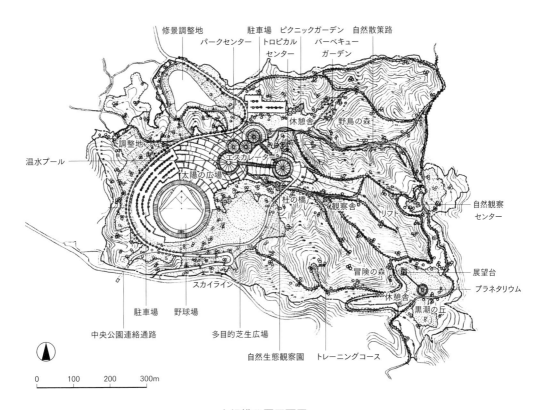

大規模公園平面図

- このスケールでは、景観木や重要な樹木以外の樹木は、円表現や樹林のまとまりとして表現する。

- 広がりのある芝生地などは、ほかの舗装面と区別するため地被類を表現する。

- 施設の表現は建築物・構造物・大規模な施設の骨格線や主要園路のルートなどにとどめ、ベンチなどの小規模施設は省略する場合が多い。

- 主要な施設の名称を記載する。

第3章　平面図の描き方

77

1 製図板に用紙をセットし、基本的事項を示す。

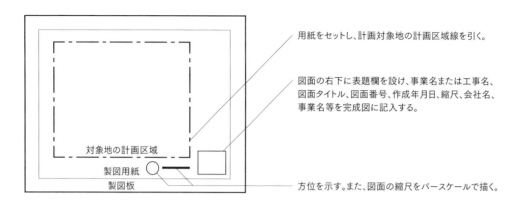

用紙をセットし、計画対象地の計画区域線を引く。

図面の右下に表題欄を設け、事業名または工事名、
図面タイトル、図面番号、作成年月日、縮尺、会社名、
事業名等を完成図に記入する。

方位を示す。また、図面の縮尺をバースケールで描く。

2 計画の骨格となる線をゾーニング図として示す。

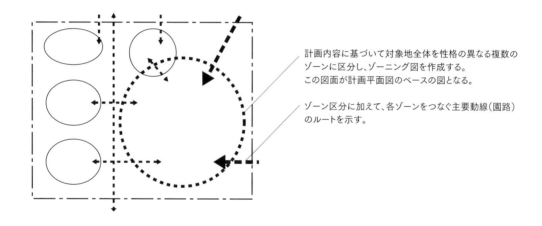

計画内容に基づいて対象地全体を性格の異なる複数の
ゾーンに区分し、ゾーニング図を作成する。
この図面が計画平面図のベースの図となる。

ゾーン区分に加えて、各ゾーンをつなぐ主要動線（園路）
のルートを示す。

3 主要施設や植栽地の外形線を描く。

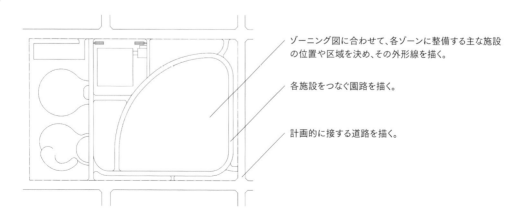

ゾーニング図に合わせて、各ゾーンに整備する主な施設
の位置や区域を決め、その外形線を描く。

各施設をつなぐ園路を描く。

計画的に接する道路を描く。

4 整備する施設を描く。

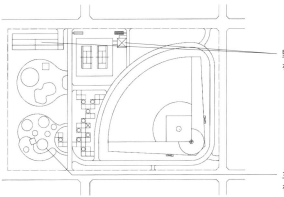

野球場、管理事務所、駐車場など主要施設の規模・形状を確定し、外形線や主要線を描く。

主要な樹木の樹種・位置・樹冠の大きさを決め、その外形を描く。

5 整備する施設の具体的な形や植栽樹木を細かく描く。

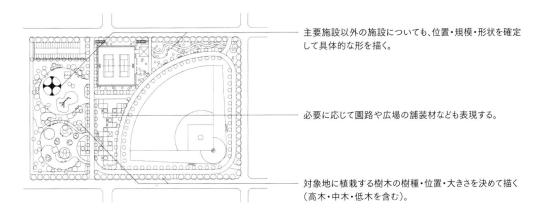

主要施設以外の施設についても、位置・規模・形状を確定して具体的な形を描く。

必要に応じて園路や広場の舗装材なども表現する。

対象地に植栽する樹木の樹種・位置・大きさを決めて描く（高木・中木・低木を含む）。

6 図面を仕上げ、凡例・方位・スケールを示す（原図は 1/1,000 で作成）。

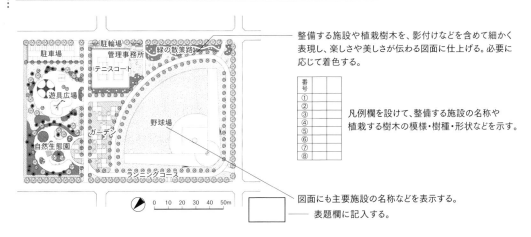

整備する施設や植栽樹木を、影付けなどを含めて細かく表現し、楽しさや美しさが伝わる図面に仕上げる。必要に応じて着色する。

番号		
①		
②		
③		
④		
⑤		
⑥		
⑦		
⑧		

凡例欄を設けて、整備する施設の名称や植栽する樹木の模様・樹種・形状などを示す。

0 10 20 30 40 50m

図面にも主要施設の名称などを表示する。

表題欄に記入する。

- 下図はフリーハンドで描いたイメージの段階の図面である。この図面を拡大して、その上にトレーシングペーパーを重ね、三角定規やテンプレートを用いて完成図に仕上げてみよう。
- 樹木には模様や影をつけ、立体感のある表現にしよう。

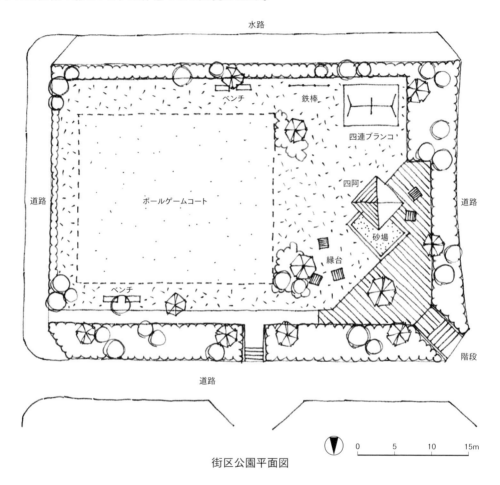

街区公園平面図

第15節 平面図の参考例

樹木凡例
	クスノキ
	ケヤキ
	イチョウ
	メタセコイヤ
	ヒマラヤスギ
	モッコク
	ヤマモモ
	イトヒバ
	カエデ

近隣公園平面図（原図は 1/300 で作成）

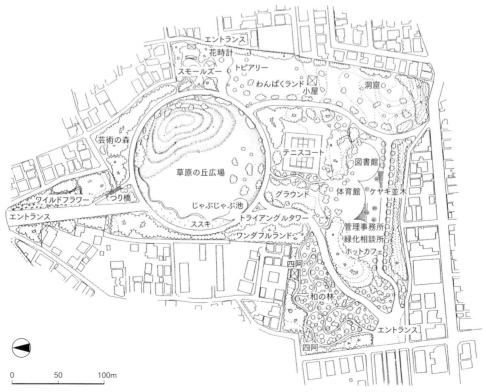

総合公園平面図（原図は 1/750 で作成）

第3章 平面図の描き方

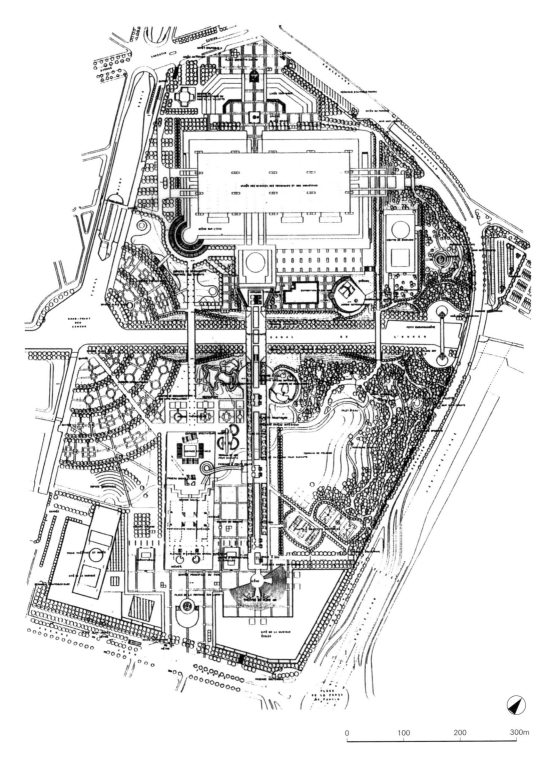

海外の都市広場平面図（原図は 1/500 で作成）

第4章

立面図・断面図の描き方

立面図・断面図作成の基本

　平面図が計画・設計する対象地の望ましい姿を真上から見た形で描く図面であるのに対して、立面図・断面図は、ヨコから見た形を描くことで、平面図では理解しにくい、対象地の地形や施設・樹木などの高さの関係を表すための図面である。ともに平行投影図として描かれる。

　立面図と断面図は目的や表現内容が異なるが、下図のように理解すると違いが分かりやすい。

　①の地形を大きな包丁で垂直に切り取ると②のような形になる。その断面線から見える地形・施設・植物の形などを描くのが立面図である（③）。

　これに対して④の断面図は、断面線上の地形もしくは断面線上に位置する施設・建物・樹木だけを真横から描く図面である。

① 空間を包丁で垂直に切り取る。

② 空間が切り分けられる。

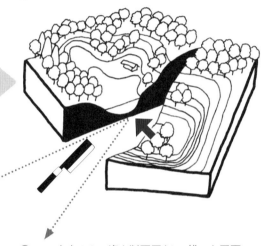

③ ➡の方向からの姿を立面図として描いた図面

- ランドスケープ製図では正面から見た立面図（正面図という）を描く場合が多いが、必要に応じて側面から見た立面図（側面図という）を描く場合もある。

④ ➡の方向からの姿を断面図として描いた図面

- 平面図に断面線を設定し、その線上に位置する地形を描く。

　高低差の少ない地形の場合は、高さの関係を明確に表現するため、タテ方向とヨコ方向の縮尺が異なる立面図・断面図を作成する場合もある。

　設計段階では、造成平面図や施設平面図に対応する図面として、造成断面図、道路縦横断図、排水縦横断図などを作成する。

1 手順-1　平面図上に断面線を設定する。

　平面図上に、断面線の位置と本数を定める。断面線の位置は一定の間隔で設定する場合もあるが、立面図に示すべき重要な要素（地形の変化点、主要施設、建築物、景観木）などがある地点を選んで、任意に設定する場合もある。

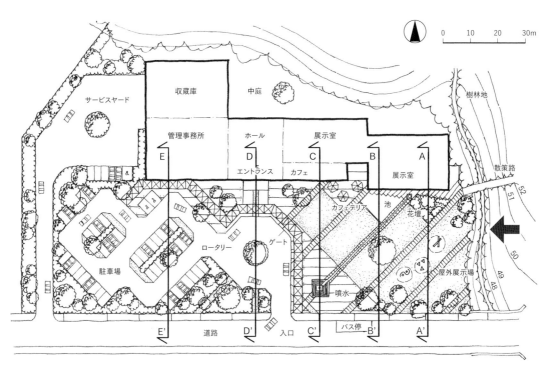

市民ミュージアム平面図

2 手順-2　A-A' ～ E-E' の各断面線上の断面図を作成する。

　断面線A-A'、B-B'、C-C'、D-D'、E-E'の順で、断面線上の地形、施設、建物、樹木などを描く。これが断面図となる。

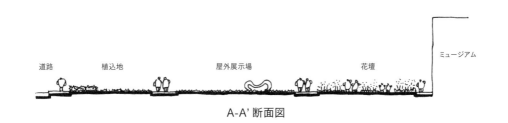

A-A' 断面図

B-B' 断面図

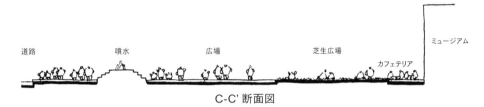

C-C' 断面図

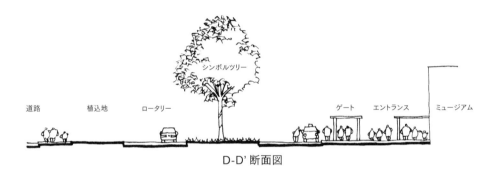

D-D' 断面図

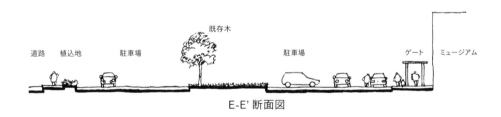

E-E' 断面図

3 手順-3 断面図 A-A' 〜 E-E' を重ね合わせて立面図を作成する。

　各断面線上の断面図を重ね合わせ、その前後の
ゲートや樹林を描き加えると前頁平面図の ← 方向
から見た立面図が完成する。

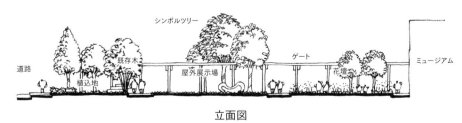

立面図

立面図・断面図の参考例

ランドスケープ計画・設計の対象地は、地形的変化のある場所も多いことから、平面図の作成と並行して立面図または断面図を作成し、平面と立体のプランの整合がとれているかをチェックし合っていくことが重要である。

18-1 立面図・断面図

事例-1

立面図で、平面図に示した橋から野草ガーデン、せせらぎまでの空間が利用しやすい地形になっているか、四阿からのせせらぎ・既存林の景観がどのように見えるかなどを確認する。

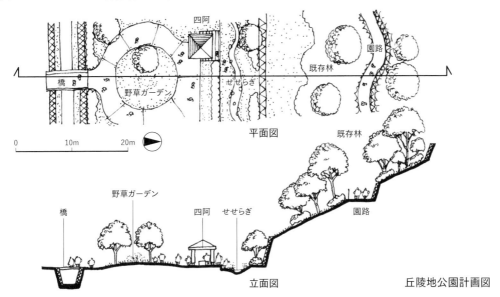

丘陵地公園計画図

事例-2

立面図で、親水デッキと水路・調整池との高低差が適切かを確認する。

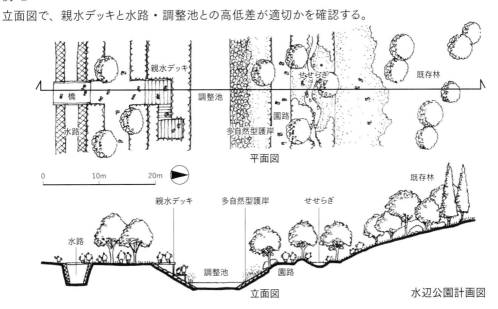

水辺公園計画図

事例 - 3

立面図を作成し、道路側から見た住宅建物と植栽樹木の見え方を確認する。

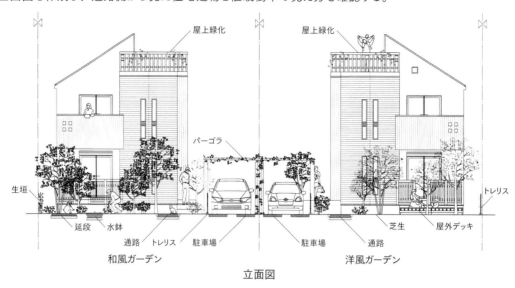

立面図

事例 - 4

断面図を作成し、街路樹の高さや、歩道からの緑化ブロックやカナールの見え方を確認する。

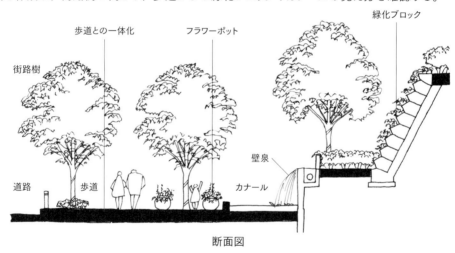

断面図

事例 - 5

断面図を作成し、街路樹が歩行者や車両の円滑な通行の妨げになっていないかを確認する。

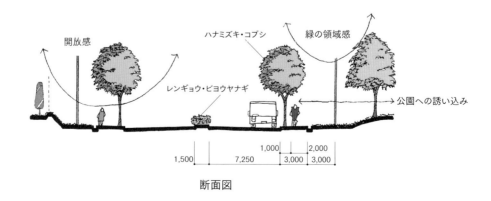

断面図

事例-6

断面図を作成し、法面の傾斜、木橋と水路の水面高の関係などを確認する。

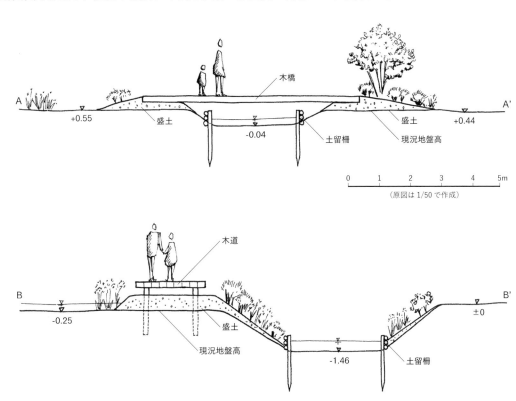

事例-7

立面図を作成し、里山の地形と田、畑、農家、山林の生態系の構造を確認する。

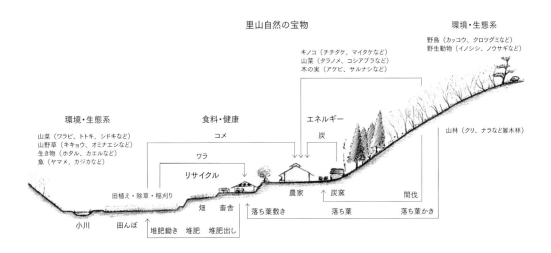

里山農業の営み

18-2 断面スケッチ

　断面スケッチは、計画・設計の検討段階において、その内容が立面的に見て適切であるか、どのように見えるかなどをチェック・確認する意味で作成する場合が多い。

　スケッチなので、着想したイメージを軟らかな鉛筆で自由に描きながら、高さ、幅、樹木の種類や配植などを検討していく作業となる。

事例 -1　歩道とビオトープを持つ住宅の庭

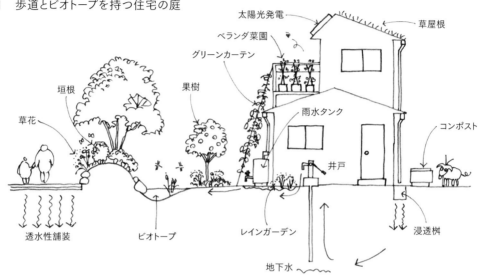

事例 -2　園路沿いの既存樹と住宅

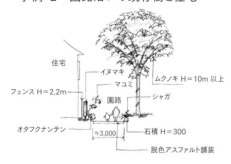

事例 -3　広場入口部分の植栽樹木

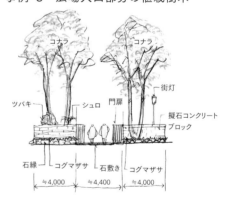

事例 -4　公園内の園路と園路沿いの花壇

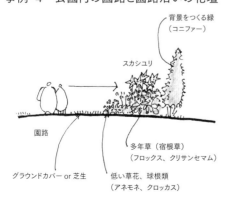

事例 -5　園路と法面緑化

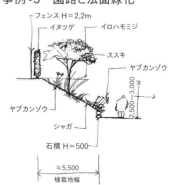

work ❶ ▶ 立面図・断面図を描いてみよう。

参考図

- 下図は6mの高さのある土地の現況平面図と断面図である。この2つの図面の関係が理解できれば立面図・断面図が描ける。
- 計画・設計では、この現況図を基にして計画内容に沿った望ましい土地の高さを検討し、利用に適した地形を整備することになる。

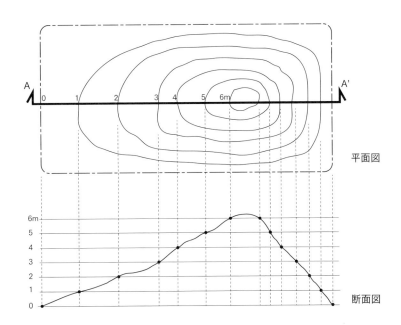

平面図

断面図

1 参考図の内容を理解した上で、下の平面図の等高線から地形の断面図を作成する。

- 平面図に示す土地の形（この場合は等高線の位置）に合わせて、下に等高線の位置と高さを示す断面図のベース図を作成し、その交点に・（点）を記入し結ぶことで断面地形を描く。
- ▲は最も高い地点（山地でいえば山頂）を表している。
- 等高線の間隔が狭い場所は地形が急峻、広い場所は緩やかである。平面図で間隔が最も狭い場所は崖地を表している。

課題作成用紙

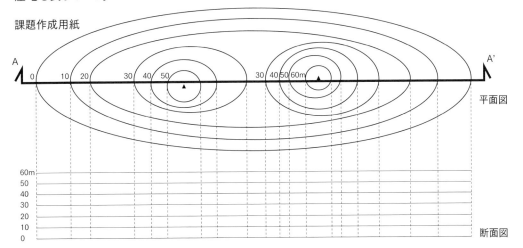

平面図

断面図

2 次の平面図を基にして、地形の立面図を作成する。

- 図を拡大し、立面図は断面線から上の部分を描く。
- 樹木は、⟨⟩を常緑樹、〇を落葉樹として表示した高さで描く。（高さは、下に示す1mごとの等高線の高さを参考にすること）。樹種は自由に設定すること。
- 立面図の建物や樹木の位置は、平面図から垂線を下ろして設定する。また、樹木の幅は平面図の樹冠の幅に合わせる。
- 水路の部分は、両岸が石積みで橋が架かっている。水路の底から橋までは3mの高さがある。

課題作成用紙

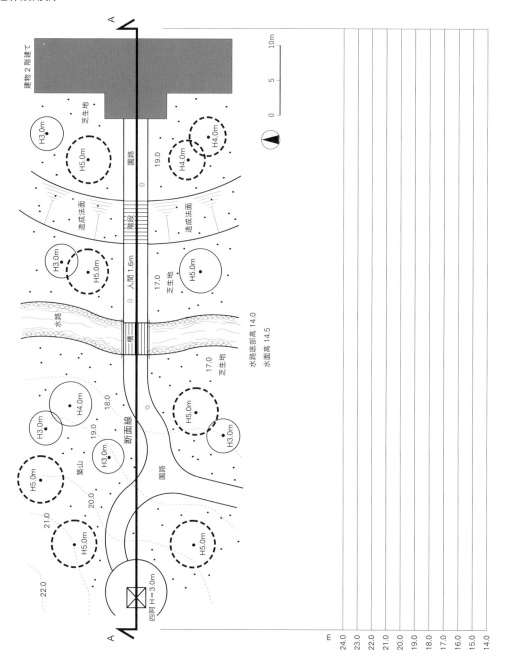

第5章

透視図の描き方

19-1　透視図の基本的な用語

　私たちが日常的に見る風景は3次元で、間口と奥行きと高さがあり、手前のものは大きく、遠くのものは小さく見える。

　透視図（パースペクティブまたは略してパースともいう）は、この遠近感を利用した手法を用いて、平面図に描かれた計画内容を立体的に、目に見える姿に近い形で表す図面である。

　透視図は、「見る人」「見られる対象地」「画面」（見る人と対象地の間に垂直に置いた面）」の3つの要素で成り立っており「人が対象地を見た時に、その間の画面に映る対象地の姿を図面化したもの」である。透視図の作成では次に示す様々な用語・記号を使用するので、まずは下図を見てこれらの用語・記号の意味を把握しよう。

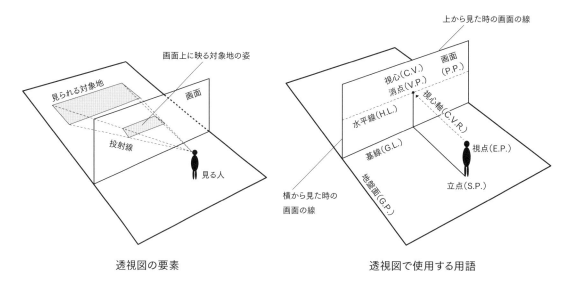

透視図の要素　　　　　　　　　透視図で使用する用語

注：投射線は見る人の視点・対象物の点・画面上の対象物の点を結ぶ線

立　点　S.P.（Standing Point）：見る人が立っている地点
視　点　E.P.（Eye Point）：見る人の目の位置
地盤面　G.P.（Ground Plane）：見る人が立っており、対象地が置かれている地盤
画　面　P.P.（Picture Plane）：見る人と対象地の間に、地盤面に垂直に立っている面で、この面に映る対象地の姿が透視図で描かれる形であり、画面は透視図の作成用紙ともいえる。
基　線　G.L.（Ground Line）：地盤面と画面が垂直に交わる地点の水平方向の線
視心軸　C.V.R.（Center Visual Ray）：視点から、同じ高さで画面に向かってまっすぐに伸ばした線
視　心　C.V.（Center of Vision）：視点からまっすぐに伸ばした線（視心軸）と水平線が交わる点
水平線　H.L.（Horizontal Line）：画面上の視点と同じ高さの水平方向の直線
消　点　V.P.（Vanishing Point）：視線が画面の水平線上で1点に収束する点
測　点　M.P.（Measuring Point）：任意の奥行きの長さを作図する手法で用いる点

19-2 水平線と消点

　透視図の作成では、画面の水平線上に位置する消点に向かって視点と対象地をつなぐ線を結ぶことで、その基本的な形が描かれることから、特に「水平線」と「消点」を十分に理解しておくことが必要である。

1 水平線は、「見る人の目の高さ」にある。

　用紙を両手で水平に持ち、目の前で用紙を上下に動かすと、ちょうど目の高さと同じになった時に用紙は「面」ではなく1本の「線」として見える。この線が水平線である。

　海の見える地点に立って海の景色を眺める時、見る人の目の高さに夕日が沈む海と空の境界線が見える。これが水平線であり、それぞれの場所に立つ人の目の高さにそれぞれの水平線がある。

　透視図は、この水平線上に消点を設定することで描かれる。

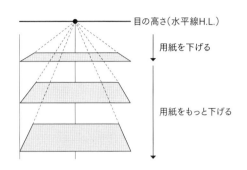

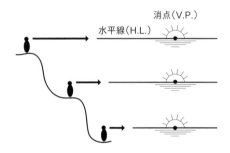

2 消点は、「水平線上」にある。

　道路の並木や鉄道線路、建物の壁と天井の境目の線などの平行する2つの線は、視線の先を追っていくと遠くに行くほど間が小さくなり、最終的には見る人の目の高さにある水平線上で1つの点に収束する。この点が消点である。

　透視図は、この水平線上の消点と対象地の様々な箇所の点を結ぶことで描かれる。

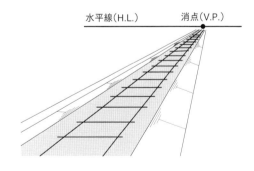

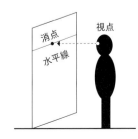

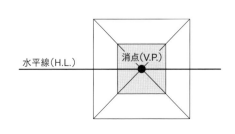

19-3 視点の設定（透視図をどの視点から描くか）

　透視図の構図は、見る人が対象地をどの地点から描くか（どの高さから描くか、どの距離から描くか、どの方向から描くか）によって決まるため、作図者はまず、対象地の規模や形状、計画内容、周囲の状況を考慮して、透視図を描くのに最も適した視点（見る人の目）の位置を決める必要がある。

1 どの高さから描くか（視点の高さ）

　視点の位置を高くとると視野が広くなり、広い対象地であっても敷地全体を見通すことができるのに対して、視点を低くとると奥行きが十分に見通せない状態になる。

　このため、住宅庭園や小規模な公園のように奥行きが狭い場合は視点を低くしてもよいが、対象地の敷地規模が大きく奥行きが広い場合は、敷地全体が俯瞰できる高さに視点を設定することが求められる。

　視点の高さについては、対象地から立点までの距離の1/2程度を目安に設定する場合が多い。

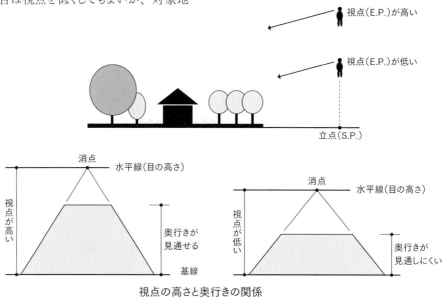

視点の高さと奥行きの関係

2 どの距離から描くか（視点の距離）

　対象地から視点までの距離をあまりに短くすると、対象地の間口が人間の視野に収まらなくなる。また、対象地からの距離を必要以上に長くすると、遠くなる分、物の形の詳細が見えにくくなる。

　人間の両眼の視野が重なる範囲は、最大で左右120°、上下80°であるが、透視図の作成ではズレを少なくするため、視野60°の範囲内に収まる形で描くことが望ましく、この視野の範囲内に対象地が含まれるよう視点の位置を設定する必要がある。

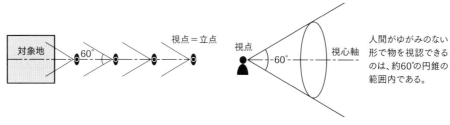

人間の視野と視点の距離との関係

3 | どの方向から描くか（視点の方向）

透視図では、対象地を正面からだけでなく、視点を左右にずらした位置から描くことがあり、この場合の対象地の外形は下図のようになる。

対象地の敷地規模が比較的小さく、奥行きがそれほどない場合は、視点を正面に置く場合が多い。

対象地の特定の場所を目立たせて描きたい場合などは、正面からずらした地点に視点を設定することも考えられる。

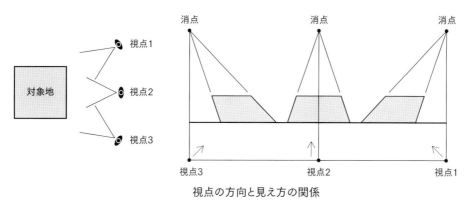

視点の方向と見え方の関係

19-4 透視図の種類

透視図は対象地の形を立体的に描く製図法であり、拡散投影図法で描く一点（平行）透視図、二点（有角）透視図、三点透視図のほか、平行投影図法で描くアクソノメトリック図（不等角投影図）、アイソメトリック図（等角投影図）などの手法がある。

ここでは、以下に、一般的に用いられる拡散投影図法を用いた一点（平行）透視図、二点（有角）透視図と、より簡単に描ける平行投影図法を用いたアクソノメトリック図（不等角投影図）について説明する。

1 | 一点（平行）透視図

一点透視図は、描く対象地を画面に平行に配置して描くことから、平行透視図ともいう。

対象地の外形線の4つの点（A・B・C・D）や、樹木の位置Eと高さFの点すべてが1つの消点に収束する形で描かれる。

住宅庭園や小規模な公園など、面積が比較的小さい対象地の透視図に多く用いられる。

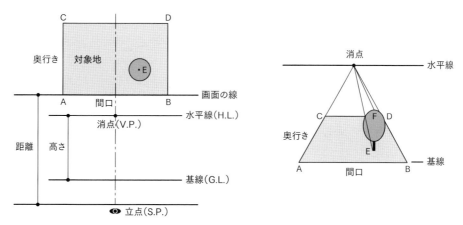

一点（平行）透視図における対象地の配置と図面の描き方

2 ┊ 二点（有角）透視図

　二点透視図は、描く対象地を画面に対して角度を持たせて配置する透視図法であることから、有角透視図ともいう。

　二点透視図では、対象地の外形線（A・B・C・D）や樹木の位置Eと高さの点Fは2つの消点に収束する。

　画面に対する対象地の角度は、30°–60°または45°–45°が多く用いられる。

　画面に対して角度を持たせることで、60°の視野の範囲内に広い敷地全体を含めることができるため、面積が比較的大きい対象地の透視図を描く場合に適している。

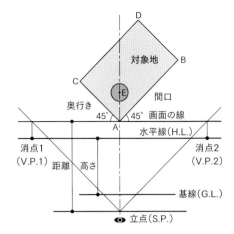

二点（有角）透視図における対象地の配置

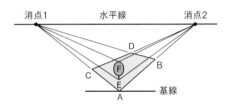

二点（有角）透視図の描き方

3 ┊ アクソノメトリック図（不等角投影図）

　アクソノメトリック図は拡散投影図法ではなく、平行投影図法を用いて作成する透視図であり、不等角投影図ともいう。

　平面図を画面に対して45°–45°または30°–60°傾けて配置し、平面図外形線の4つの点(A・B・C・D)と樹木の位置(E)はそのままで、施設や樹木の高さ(F)のみを垂直に描く。

　四角形の箱をイメージし、タテ・ヨコ・高さの線をそれぞれ平行に描くのが基本である。

　消点がないため人の目に映る実際の形とは異なって見えるが、簡単に作図できる利点がある。

　これと類似する投影図法として、平面図を画面に対して30°–30°に傾けて配置して描くアイソメトリック図(等角投影図)がある。

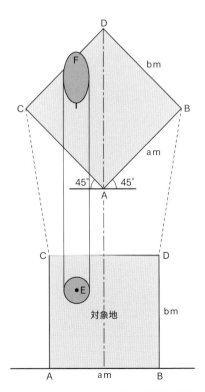

アクソノメトリック図における対象地の配置と図面の描き方

第20節 一点（平行）透視図の描き方

20-1 一点（平行）透視図作成の手順

透視図を描くのは難しく、特殊な技術が必要と考える人は多いが、その手順と手法を理解して練習を重ねれば、だれでも描くことができる。

ここでは、一点（平行）透視図作成の手順をまとめている。まずは手順-1から手順-6までを見て、作業の概略を把握しよう。

手順-1 平面図にグリッド線を引く。

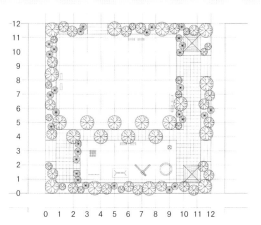

- 平面図の図面スケールに合わせて、1マス1m×1m、5m×5m、10m×10mなどの分かりやすい間隔で、透視図の基になる正方形のグリッド線（タテ・ヨコ線）を引く。

- 対象地が複雑な地形の場合や、施設が数多く配置されている場合などは、必要に応じてグリッド線を多くする。

- グリッド線には必ずタテ・ヨコに0・1・2・3などの番号やA・B・Cなどの記号を付ける。

- 透視図の作成はこの作業から始まる。

手順-2 平面図に合わせた透視図のグリッド図をつくる。

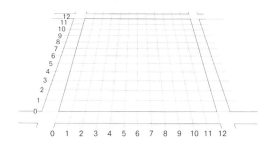

- タテ・ヨコのマス目が入った透視図のグリッド図を作成する。

- マス目の入った図面に、平面図と同じ番号または記号を付ける。

- この図面が透視図の基となるグリッド図となる。透視図はこの図面上に描かれる。

手順-3 グリッド図上に施設の主要線や樹木の位置などを描く。

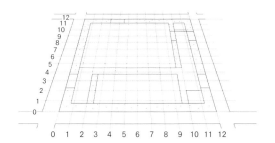

- 手順-1の平面図に示す園路や施設の位置を読み取り、グリッド図にこれに合わせた地割線や地形のライン、主な施設の外形などの線を描く。

- 樹木については、平面図から植栽樹木の中心点（幹を示す）を読み取り、グリッド図にその位置を記す。

- この段階では、細かな形はあまり意識せず、基本的な線や樹木の位置の点などを正確に描くことに重点を置く。

手順-4 地形や施設、樹木の高さを描く。

- 平面図から高さの生じる施設や樹木を洗い出し、グリッド図に垂直の線を描いて高さを求める。

- 樹木の本数が多い場合は、植栽樹種や植栽地の位置を考慮して代表的なものの高さを決め、他はそれに合わせて設定してもよい。

- 対象地に地形の高低差がある場合は、その状況が分かるように表現する。

手順-5 全体像の下図を描く。

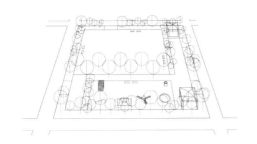

- 手順-4の図面を下敷きにして、全体像をラフに描く。

- この場合、最初は細かな表現にはこだわらず、全体像を描くことを心掛ける。

- トレーシングペーパーを重ねて、ラフな段階から完成に近い段階までの下図を描く。

手順-6 細かな表現を書き込み完成させる。

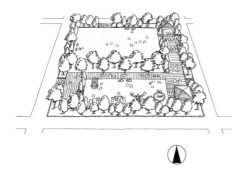

街区公園の一点透視図

- あまり1つの施設や場所にこだわって細かく描くのではなく、全体を同じ精度で徐々に仕上げていくことを心掛ける。

- 樹木については、樹種または常緑・落葉、針葉・広葉などの区分が分かるように描く。

- 最後に、影つけを行って図面の効果を高める。

- 対象地の立地状況を伝えるため、敷地だけでなく、周囲の道路、建物などを加える。

- 図面タイトル、方位、バースケールを記載する。

👉 **ポイント**

- 透視図の表現は、図面の縮尺の違いによって表現の精度を変化させる。

- 対象地が公園などの場合は、図面に利用者を描くと空間がイメージしやすくなる。

20-2 一点（平行）透視図の作成手法

　前項の作図の手順からも分かるように、透視図のベースとなる手順-2のグリッド図が作図できれば、あとは平面図に示される施設の線や樹木の位置をグリッド図に示し、高さを入れ、仕上げの表現を描いていくことで透視図が完成する。

1 グリッド図の作成と樹木の表現

　一点透視図にはいくつかの作成手法があるが、
まずは基本となるグリッド図の作成手法を紹介する。
なお、このグリッド図は次の要件で作成している。

対象地：実際の対象地の面積は 10 m × 10 m ＝ 100 ㎡とする。

縮　尺：図面の縮尺は1/100とする（この場合、対象地の 10 m × 10 m の敷地を1/100
　　　　で描くので、図面上の大きさは 10 cm × 10 cm となる）。

立　点：図面の作成者が対象地の境界線から15 m 離れた場所の正面に立ち、地盤面
　　　　から 10 m の高さに登って見た場合の図面を作成する。

樹　木：対象地内に存在する2本の樹木を描く（高さ：H ＝ 5 m・幅：W ＝ 4 mと、高
　　　　さ：H ＝ 3 m・幅：W ＝ 2 m）。

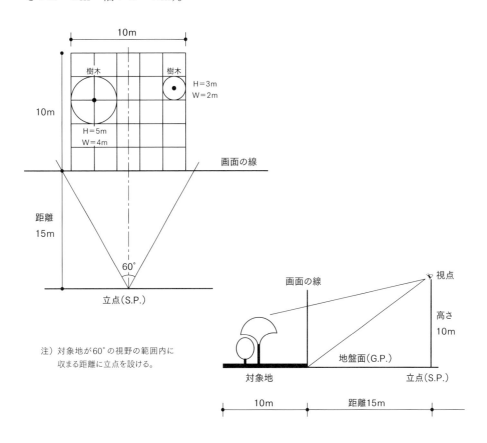

注）対象地が60°の視野の範囲内に
　　収まる距離に立点を設ける。

手順-1

① 用紙をタテ長にセットし、真ん中に図面の中心となる垂線（一点鎖線）を引く。これが視心軸（C.V.R.）となる。

② 用紙の中央部あたりに視心軸と直交するヨコの線を引く。これが画面の線（画面P.P.を真上から見た時の線）となる。

③ 画面の線の上側に、視心軸を中心として要件に示す対象地の外形線（10cm×10cm）を引き、4つ角に点A・B・C・Dを記す。この場合、外形線のA−B線は画面の線と重なる。

④ 画面の線の下に一定の間を空けて、視心軸と直交するヨコの線を引く。この線が水平線（H.L.）となる。

⑤ 水平線の下10cmに、視心軸と直交するヨコの線を引く。この線が基線（G.L.）となる。この水平線と基線の間の10cmは、地盤からの視点の高さを表す（実際の高さは10mであるが、1/100の縮尺なので図面上の高さは10cmとなる）。

⑥ 画面の線の下15cmにヨコの線を引き、視心軸との交点を得る。この点が立点（S.P.）となる。この15cmは対象地の境界から立点までの距離を表す（実際の距離は15mであるが、1/100の縮尺なので図面上の距離は15cmとなる）。

⑦ 視心軸上に水平線との交点を得る。これが消点（V.P.）となる。

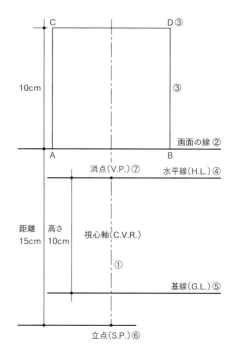

手順 -1 の図

手順-2

⑧ 手順-1に示した対象地の外形線（A・B・C・D）の中に、タテ・ヨコ2cm間隔で線を引き、外形線との交点に番号1〜8を記す。

⑨ ⑧で示した1・2・3・4の点と外形線のA・Bの点から基線に向けてそれぞれ垂線（破線で表示）を下ろし、基線上の交点にA'・1'・2'・3'・4'・B'を得る。

⑩ 消点と⑨で示した基線上のA'・1'・2'・3'・4'・B' を線で結ぶ。この線がグリッド図の奥行きを表す線となる。

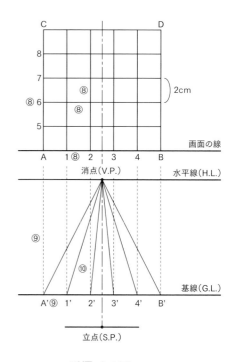

手順 -2 の図

手順-3

⑪ 立点と平面図のA・5・6・7・8・C点を結ぶ線を引き、画面の線上に交点（手順-3の図面に示した●の点）を得る。

⑫ この交点から、消点とA'を結ぶ線に向けて垂線（破線で示した線）を下ろし、その交点A'・5'・6'・7'・8'・C'点を得る。

⑬ C'点から、消点とB'を結ぶ線に向けてヨコ線を引き、D'点を得る。同様に5'・6'・7'・8'点からヨコ線を引く。この線がグリッド図の間口を表す線となる。この場合、手前から奥に行くに従ってマス目の間隔が段々と狭くなっていることをチェックする必要がある。間隔が不自然に広い、または狭い箇所がある場合は、再度、各線が適切かを点検し、修正する。

⑭ これにより、透視図のベースとなるグリッド図が完成する。

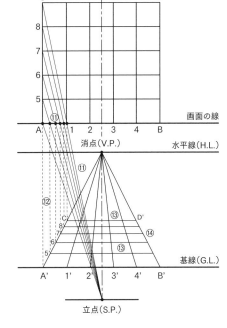

手順-3の図

手順-4

⑮ ここからは、対象地内の2本の樹木を描く。まずは、⑧で作成した平面図に、要件に示す2本の樹木の枝張（幅）と幹を描く。次にその幹（中心点）の位置を確認（大きい樹木はタテ1・ヨコ7の線の交点、小さい樹木はタテ4とBの中間・ヨコ7と8の中間の交点）して、⑭に示した透視図のグリッド図にその位置を記す。

⑯ グリッド図のA'点上に垂線を上げ、樹木の高さ5mと3mの位置（図面は1/100なので5cmと3cmの高さ）に点を記す。

⑰ 消点とこの2つの高さの点を結ぶ線（破線で示した線）を引き、大きな樹木が位置するヨコ線7'の点と、小さな樹木が位置する7'・8'の中間点から上げた線）との交点上にア・イ点を得る。

⑱ そのア・イ点からヨコ線を引いて、樹木の実際の位置から立ち上げた太線との交点ア'・イ'点を得る。この点がグリッド図での樹木の高さを示す。

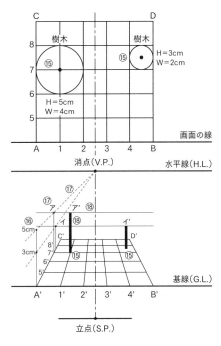

手順-4の図

⑲ ⑱で得られた樹木の高さに合わせて樹木の樹冠を描く。この場合、樹冠の実際の幅がそれぞれ4m、2mなので、図面上では1/100の4cm・2cmの幅で表す（グリッド図の1マスの目盛りが2cmなので、それに合わせて描くとよい）。

⑳ 樹木に幹・枝・葉を描き入れて、樹木らしく表現する。これにより高さのある樹木の表現が入った透視図が完成する。

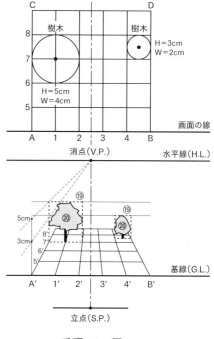

手順 - 5 の図

2 | 45°線を用いたグリッド図の作成と樹木の表現

　一点透視図のベース図面については、前項以外の作図手法もある。ここでは、45°線を用いた作図の手順と、樹木などの高さのある物体の描き方を説明する。なお、作図要件は前項と同じである。

① 用紙をタテ長にセットし、真ん中より左側に図面の中心となる垂線（一点鎖線）を引く。これが視心軸（C.V.R.）となる（⑨で描く45°線が用紙に収まるように左側に寄せる）。

② 用紙の中央部あたりに視心軸と直交するヨコの線を引く。これが画面の線となる。

③ 画面の線の上側に、視心軸を中心にして、要件に示す対象地の外形線（10cm × 10cm）を引き、4つ角にA・B・C・Dを記す。この場合、外形線のA‒B線は画面の線と重なる。

④ 敷地の外形線の中に、タテ・ヨコ2cm間隔の線を引き、外形線との交点に番号1 ～ 8を記す。

⑤ 視心軸を下ろし、画面の線から15cmの位置に立点（S.P.）を得る。この15cmは要件に示す対象地の境界から立点までの距離を表す。

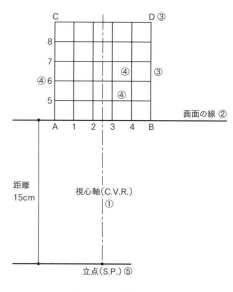

手順 - 1 の図

⑥ 画面の線の下に一定の空間（ここでは用紙の都合上2cmとしている）を空けて、水平線（H.L.）となるヨコ線を引く。続けて、その下10cmに基線（G.L.）を引く。この10cmは要件に示す視点の高さを表す。

⑦ 画面の線上のA・1・2・3・4・B点から基線に向けて垂線（破線で示した線）を下ろし、基線上の交点にA'・1'・2'・3'・4'・B'を得る。

⑧ 視心軸と水平線の交点に消点（V.P.）を得、この消点と基線上のA'・1'・2'・3'・4'・B'を線で結ぶ。この線がグリッド図の奥行きを表すタテ線となる。

⑨ 立点から画面の線に向けて45°の線を引き、交点（P）を得る。

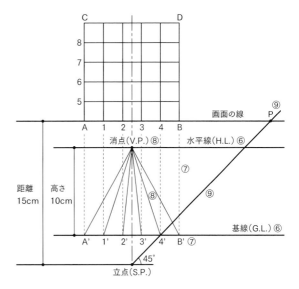

手順-2の図

⑩ ⑨で示した画面の線上の交点Pから水平線に向けて垂線を下ろし、その交点にP'点（45°消点）を得、そのP'点とA'点を線で結ぶ。

⑪ ⑧で示したタテ線と⑩の線の交点（図面に示した●の点）から、A'-C'線とB'-D'線に向けてヨコ線を引き、A'-C'線上に5'・6'・7'・8'を得る。このヨコ線がグリッド図の間口を表す線となる。この場合、手前から奥に行くに従ってマス目の間隔が段々と狭くなっていることをチェックする必要がある。間隔が不自然に広い、または狭い箇所がある場合は、再度、各線が適切かを点検し、修正する。

⑫ これにより、透視図のベースとなるグリッド図が完成する。

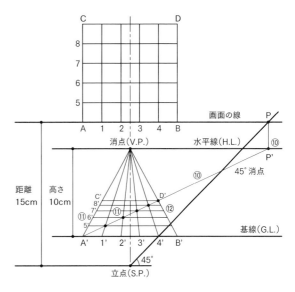

手順-3の図

第5章

透視図の描き方

手順-4

⑬ ここからは、対象地内に位置する2本の樹木を描くが、手法は101頁の「1　グリッド図の作成と樹木の表現」の項目と同じである。まずは、平面図に2本の樹木と中心点を描き、⑫に示した透視図のグリッド図にその位置を記す。

⑭ グリッド図のA'点とB'点上に垂線を上げ、樹木の高さ5mと3m（図面は1/100なので5cmと3cmの高さ）の点を得る。

⑮ 消点とこの2つの高さの点を結ぶ線（破線で示した線）を引き、大きな樹木が位置するヨコ線7'の点と、小さな樹木が位置する7'・8'の中間点から上げた線との交点上にア・イ点を得る。

⑯ そのア・イ点からヨコ線を引いて樹木の位置から立ち上げた太線との交点ア'・イ'点を得る。この点がグリッド図での樹木の高さを表す。

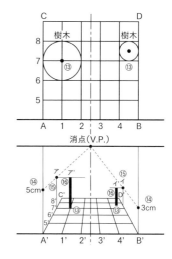

手順-4の図

手順-5

⑰ ⑱で得られた樹木の高さに合わせて樹木の樹冠を描く。この場合、樹冠の実際の幅がそれぞれ4m、2mなので、図面上では1/100の4cm・2cmの幅で表す（グリッド図の1マスの目盛りが2cmなので、それに合わせて描くとよい）。

⑱ 樹木に幹・枝・葉を描き入れて、樹木らしく表現する。これにより高さのある樹木の表現が入った透視図が完成する。

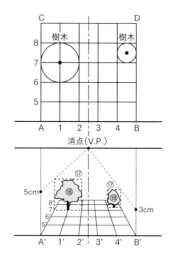

手順-5の図

work ❶ ▶ 一点透視図を描いてみよう。

住宅庭園の一点透視図を次の点に留意して描いてみよう。

- まずは、平面図とグリッド図の番号を見比べながら、グリッド図に主要な空間（駐車スペース、流れ、門から玄関口までの通路、芝生地）の外形をおおまかに描いて、基本的な形をつくる。
- 樹木は、幹と樹冠の大きさをグリッドに合わせて記入する。
- 樹木は、高・中・低木がある。高・中木の高さは1〜4m程度とし、樹種は自由に設定してよい。
- 課題作成用紙をA3サイズの紙に拡大コピーして描いてみよう。

課題図

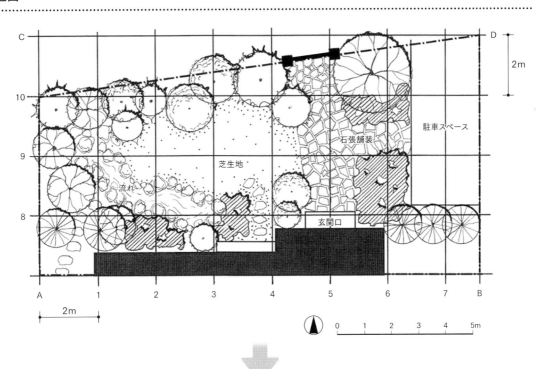

第5章　透視図の描き方

課題作成用紙

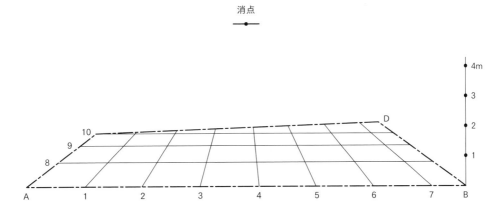

作成例

👉 作図上のポイント

- 石材は、歩行用の平らな石と、高さのある流れの石組み用の景石があるので、その違いが分かるように表現すること。また、透視図なので手前を大きく、遠くを小さく描いて遠近感を出す必要がある。
- 歩行用に配置された石材は、平らに描くと平面図のように見えるので、人が斜め目線で見た場合を想定し、手前側は少し厚みをつけて表現すること。
- それぞれの樹木の高さは、グリッド図に示す1〜4mの点と消点を結んで描くこと。
- 下図を重ね、最後に影つけを行って完成させよう。

20-3 一点透視図の参考例

　一点透視図は、住宅庭園など比較的限られた空間を対象に描く場合が多いことから、細かな表現が求められる。参考例を見ながらその手法を身につけよう。

庭園

水辺の緑道

二点（有角）透視図の描き方

21-1 二点（有角）透視図作成の手順

　二点（有角）透視図の作成では、最初の段階で、対象地を画面の線に対し平行ではなく、角度をつけて配置する。一点（平行）透視図との違いはこの点だけで、その後の作業内容は同じである。手順-1から手順-6までを見て、作業の概略を把握しよう。

● 画面線に対する平面図の設置角度45°–45°または30°–60°を決定する（ここでは45°–45°としている）。

● 対象地の面積と図面のスケールに合わせて、1マス1 m×1 m、5 m×5 m、10 m×10 mなどの分かりやすい間隔で、平面図の上に正方形のグリッド線を引く。

● 複雑な地形を有する場合や、施設が数多く配置されている場合などは、必要に応じてグリッド線を多くする。

● グリッド線には必ずタテ・ヨコに0・1・2・3などの番号やA・B・Cなどの記号を付ける（ここでは0～12）。

● タテ・ヨコのマス目が入った透視図のグリッド図を作成する。

● グリッド図（マス目の入った図面）に、手順-1の平面図と同じタテ・ヨコの番号をつける。

● この図面が透視図の基となり、透視図はこの図面上に描かれる。

● 手順-1の平面図を見ながら、グリッド図に骨格となる地割線や地形のライン、主な施設の外形などの線を引く。

● 樹木については、平面図から植栽樹木の中心点を読み取り、グリッド図にその位置を点で落とす。

● この段階では、細かな形はあまり意識せず、基本的な線や樹木を示す点を正確に描く。

手順-1 平面図にグリッド線を引く。

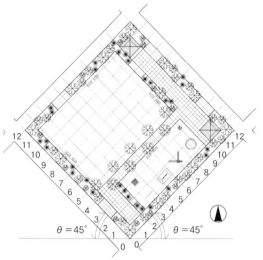

手順-2 平面図に合わせた透視図のグリッド図をつくる。

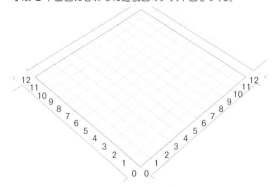

手順-3 グリッド図上に施設の主要線や樹木の位置などを描く。

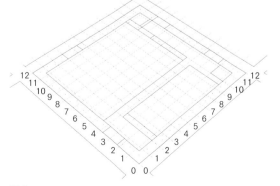

手順-4 地盤や施設、樹木の高さを描く。

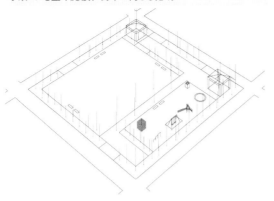

- 平面図から高さの生じる施設や樹木を洗い出し、グリッド図に垂直の線を描いて高さを求める。

- 樹木の本数が多い場合は、植栽樹種や植栽地の位置を考慮して代表的なものの高さを決め、ほかはそれに合わせて設定してもよい。

- 対象地に地形の高低差がある場合は、その状況が分かるように表現する。

手順-5 全体像の下図を描く。

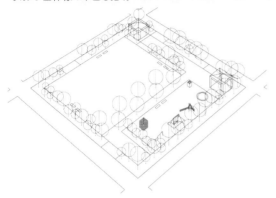

- 手順-4の図面を下敷きにして、全体像をラフに描く。

- この場合、最初は細かな表現にはこだわらず、下図のつもりで全体像を描くことを心掛ける。

- トレーシングペーパーを重ねて、ラフな段階から完成に近い段階までの下図を描く。

手順-6 細かな表現を書き込み完成させる。

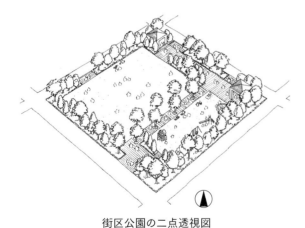

街区公園の二点透視図

- あまり1つの施設や場所にこだわって細かく描くのではなく、全体を同じ精度で徐々に仕上げていくことを心掛ける。

- 樹木については、樹種または常緑・落葉、針葉・広葉などの区分が分かるように描く。花木や紅葉木は着色で表現する。

- 最後に、影つけなどを行って図面の効果を高める。

- 対象地の立地状況を伝えるため、敷地だけでなく、周囲の道路、建物などを描く。

- 図面タイトル、方位、バースケールを記載する。

☞ **ポイント**

- 公園などの場合は、図面に利用者を描くと空間がイメージしやすくなる。

- 透視図の表現は、図面の縮尺の違いによって表現の精度を変化させることができる。

21-2 二点（有角）透視図の作成手法

1 グリッド図の作成と樹木の表現

　二点透視図の場合も、前項の手順-2に示したグリッド図を作成すれば、平面図に合わせて施設や樹木の位置を記載し、高さを入れていくことで透視図ができ上がる。

　二点透視図にもいくつかの作成手法があるが、まずは基本的な手法について紹介する。

　一点透視図と比べて線が複雑になるが、チャレンジして作成手法をマスターしよう。また、作成要件は対象地の設置角度以外は一点透視図と同じなので、二点透視図を作成して図面表現を比較してみよう。このグリッド図は次の要件で作成している。

対 象 地：実際の対象地の面積は 10 m × 10 m ＝ 100㎡とする。

設置角度：対象地を画面の線に対して30°–60°の角度で設置する。

立　　点：図面の作成者が対象地の境界線から15 m離れた場所に立ち、角度のついた敷地を10 mの高さに登って見た場合の図面を作成するものとする。

縮　　尺：図面の縮尺は1/100とする（この場合、対象地の10 m × 10 mの敷地を1/100で描くので、図面上の大きさは10 cm × 10 cmとなる）。

樹　　木：対象地内に存在する2本の樹木を描く（高さ：H ＝ 5 m・幅：W ＝ 4 mと、高さ：H ＝ 3 m・幅：W ＝ 2 m）。

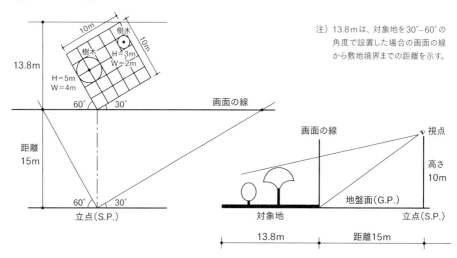

注）13.8 mは、対象地を30°–60°の角度で設置した場合の画面の線から敷地境界までの距離を示す。

手順-1

① 用紙をヨコ長にセットし、左寄り1/3あたりに図面の中心となる垂線（一点鎖線）を引く。これが視心軸（C.V.R.）となる。

② 図面の半分より上のあたりに、視心軸と直交するヨコ線を引く。この線が画面の線となる。

③ 画面の線の3 cm下にヨコ線を引く（用紙のタテ面に図面全体が収まるよう、ここでは3 cmの間を空けている）。この2本目のヨコ線が水平線（H.L.）となる。

④ 水平線の下10 cmに基線（G.L.）となるヨコ線を引く。この水平線と基線の間の10 cmは視点の高さを意味しており、実際の高さ10 mを1/100で示しているため10 cmとなる。この線の間に透視図が描かれる。

⑤ さらに、画面の線から下15 cmにヨコ線を引き、視心軸とこのヨコ線の交点を得る。この点が立点（S.P.）となる。この15 cmは対象地と視点の間の距離を意味しており、実際の長さ15 mを1/100で示しているため15 cmとなる。

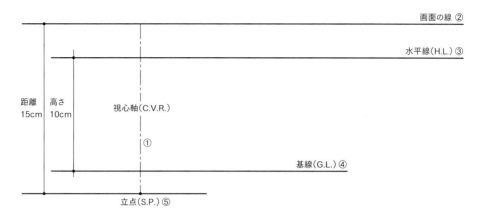

手順 -1 の図

手順-2

⑥ 視心軸と画面の線の交点をA点として、画面の線の上に対象地の外形線（10cm×10cm）を右30°、左60°の角度をつけて描き、4つ角にA・B・C・Dを記す（角度は左右逆でもよい。また、角度を左右45°とする場合もある）。

⑦ 対象地の外形線に合わせて、2cmの間隔でタテ・ヨコの線を引き、1〜8の数字を記す。

⑧ 立点から右30°、左60°の角度で、画面の線と交わる線を引き、その交点にX・Y点を得る。

⑨ X・Y点から水平線に向けて垂線を下ろし、その交点に2つの消点（V.P.1、V.P.2）を得る。

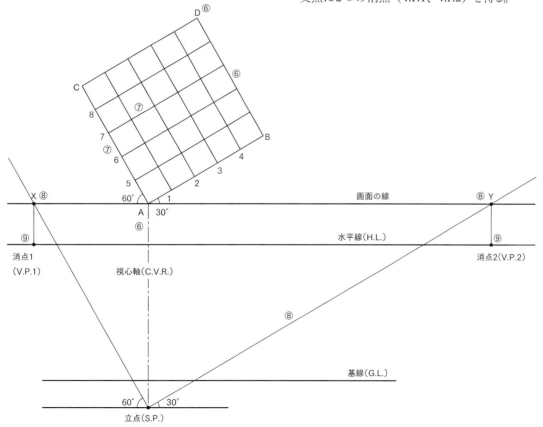

手順 -2 の図

手順-3

⑩ 平面図のB・C・D点と立点を結ぶ線を引き、画面の線上に交点（図面に示した●の点）を得て、そこから垂線を下ろす。

⑪ 視心軸と基線の交点にA'を取り、そこから2つの消点1・2（V.P. 1、V.P.2）を結ぶ線を引く。

⑫ この線と⑩の垂線との交点を得、B'・C'点を記す。また、B'と消点1、C'と消点2を結ぶ線を引き、その交点にD'点を得る。このA'・B'・C'・D'点を結ぶとグリッド図の外形線が描かれる。

手順-4

⑬ 平面図のグリッド図に示す1〜8点と立点を結ぶ線を引き、画面の線上に交点（図面に示した●の点）を得る。

⑭ この交点から⑫で作成した外形線のA'–B'線、A'–C'線に向けて垂線（破線で示した線）を下ろし、その交点に1'〜8'を記す。

⑮ この1'〜4'点と消点1、5'〜8'点と消点2を結ぶ線を引く。これにより透視図のベースとなるグリッド図が完成する。

手順-5

⑯ ここからは、対象地内の2本の樹木を描く。まずは、⑦で作成した平面図に、要件に示す2本の樹木と中心点を描き、その位置を確認（大きい樹木はタテ1・ヨコ7の線の交点、小さい樹木はタテ4とBの中間・ヨコ7と8の中間の交点）する。次に⑮に示した透視図のグリッド図にその位置を記す。

⑰ グリッド図のA'点から垂線を上げ、樹木の高さ5mと3mの位置（図面は1/100なので5cmと3cmの位置）に樹木の高さ（図面に示した●の点）を記す。

⑱ この2つの高さの点から、それぞれに消点1・2に向けた線（破線で示した線）を引く。

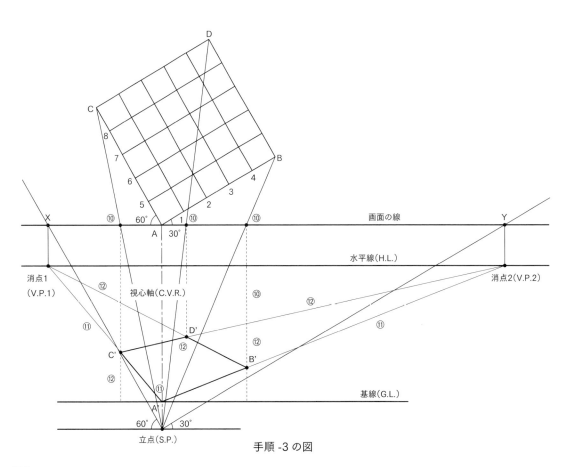

手順 -3 の図

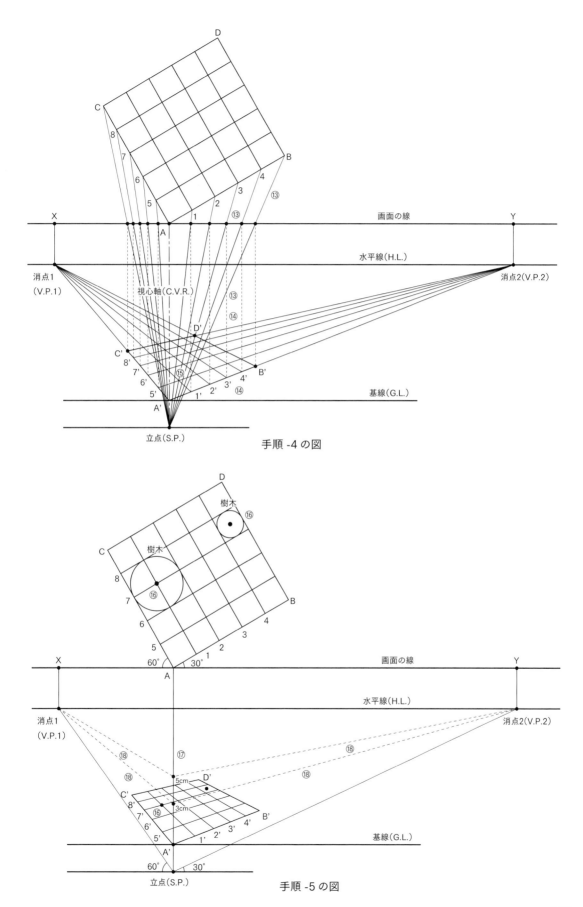

手順 -4 の図

D

C

8
7
6
5

B
4
3
⑬
2
1

⑬

X 画面の線 Y

A

水平線（H.L.）

消点1
（V.P.1）

視心軸（C.V.R.）

⑬
⑭

D'

C'
8'
7'
6'
⑮
5'

4'
B'
2' 3'
1' ⑭

基線（G.L.）

A'

立点（S.P.）

手順 -5 の図

D

樹木 ⑯

C

樹木
8
7 ⑯
6

B
4
3
5
1 2

X 60° 30° 画面の線 Y

A

水平線（H.L.）

消点1
（V.P.1）

消点2（V.P.2）

⑰
⑱
⑱
⑱
⑱

5cm D'

C'
8' 3cm
⑯
7'
6'
5' 1' 2' 3' 4' B'

基線（G.L.）

A'

60° 30°

立点（S.P.）

消点2(V.P.2)

115

⑲ 次に、樹木が位置するA'–B'線上、A'–C'線上の地点から垂線を上げ、⑱で示した線との交点a・b・c・dを得る。

⑳ a点と消点1、b点と消点2を結ぶ。また、c点と消点1、d点と消点2を結び交点を得る。

㉑ 実際に樹木が位置する地点から、⑳で得られた

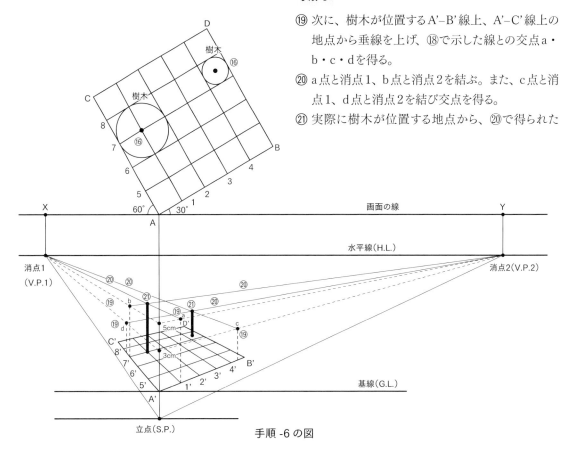

手順 -6 の図

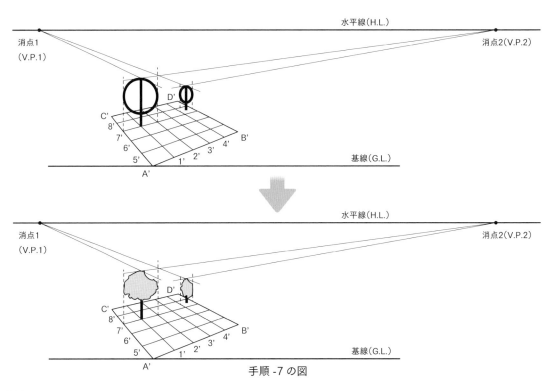

手順 -7 の図

交点（●印）まで太い垂線を上げる。この点が樹木の高さとなる。この交点と樹木が位置する地点から立ち上げた太い垂線は一点で交わっているはずで、ずれている場合は再度ここまでの作業をチェックする必要がある。

手順-7

㉒ 手順-6で樹木の高さを示した後、樹冠の幅を確認し、グリッド図のマス目と寸法に合わせて樹冠表現を仕上げる。これにより、二点透視図が完成する。

2 測点（M.P.）を用いたグリッド図の作成と樹木の表現

　二点透視図についても、測点（M.P.）を用いた別のグリッド図作成の手法がある。

　この手法は、下図のように、対象地を画面に対して30°−60°または45°−45°の角度をつけて設置し、そこから水平線上に得られる2つの消点（V.P.1・V.P.2）と2つの測点（M.P.1・M.P.2）を用いて作図する手法である。

　なお、作成要件は、前項と同じである。

手順-1

① 用紙をヨコ長にセットし、左寄り1/3あたりに視心軸（C.V.R.）となる垂線を引く。

② 視心軸と直交するヨコ線を引く。この線が画面の線となる。

③ 画面の線の上に、視心軸を中心点として右30°、左60°の角度で対象地の外形線を描き、4つ角にA・B・C・Dを記す。

④ 対象地の外形線に合わせて、2cmの間隔でタテ・ヨコの線を引き、1〜8の数字を記す。

⑤ 画面の線から15cm下の視心軸との交点に立点（S.P.）を設け、対象地と同じ角度で画面の線に向けて線を引き、その交点（P1・P2）を得る。この15cmは対象地の境界からの距離を表す。

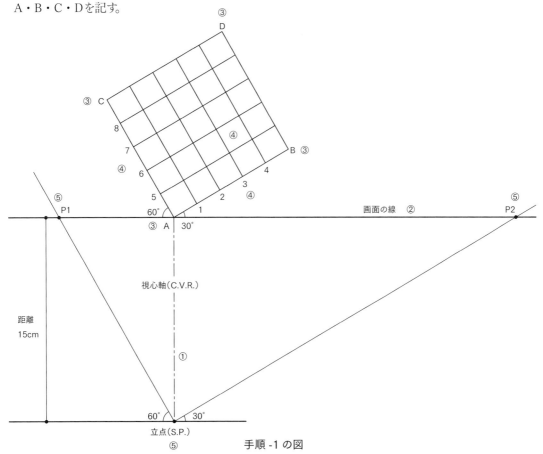

手順-1の図

⑥ 交点（P1・P2）と立点を結ぶ距離を半径とする円弧を描き、画面の線上に交点（M1・M2）を得る。

⑦ 画面の線の2cm下に水平線（H.L.）を引き、さらに水平線の下10cmに基線（G.L.）を引く。この10cmは視点の高さを表す。

⑧ 画面の線上の4つの交点（P1・P2とM1・M2）から水平線に垂線を下ろし、それぞれの交点を得る。P1・P2から下ろした交点が消点1（V.P.1）、消点2（V.P.2）となる。また、M1・M2から下ろした交点が測点1（M.P.1）、測点2（M.P.2）となる。

⑨ 視心軸（C.V.R.）と基線（G.L.）の交点Aから消点1・消点2を結ぶ線を引く。これを左透視基線、右透視基線と呼ぶ。この線が外形線の間口と奥行きを示す線となる。

⑩ 基線上に、平面図のグリッド図と同じ2cm間隔で、A点を中心に1・2・3・4・Bと5・6・7・8・C点を記す。

⑪ 測点（M.P.2）と基線上の（1・2・3・4・B）、測点（M.P.1）と基線上の（5・6・7・8・C）を線で結び、左透視基線・右透視基線上に交点（1'・2'・3'・4'・B'・5'・6'・7'・8'・C'）を得る。この交点がグリッド線の間口と奥行きの点となる。

⑫ ⑪で示した交点（1'・2'・3'・4'・B'）と消点1、交点（5'・6'・7'・8'・C'）と消点2をそれぞれに結ぶ線を引く。これによりグリッド線ができ上がる。

⑬ 平面図に、要件に示す2本の樹木と中心点を描き、その位置を確認する。次に⑫に示した透視図のグリッド図にその位置を示す。

＊この後の樹木の高さの描き方は、前項と同じであるので省略する。

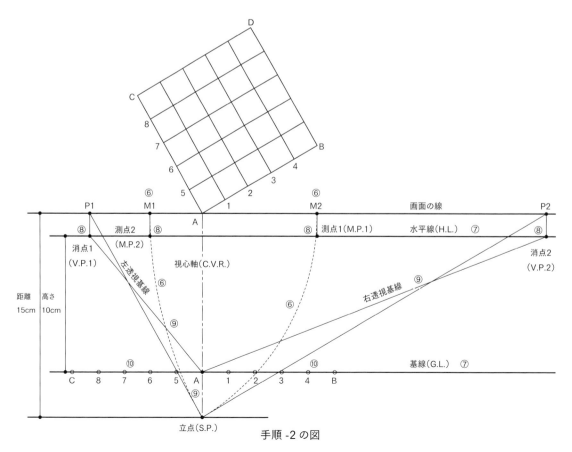

手順-2の図

118

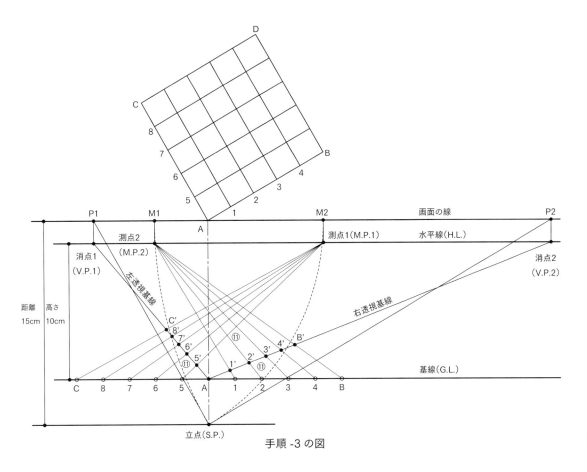

手順 -3 の図

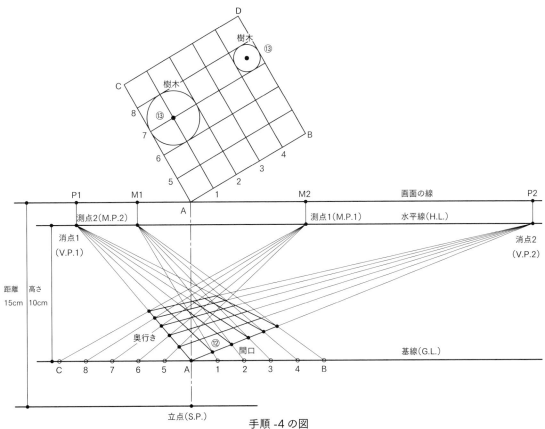

手順 -4 の図

二点透視図を使って、広い芝生広場とこんもりした山のある都市公園を次の点に留意して描いてみよう。

- この課題図では、園路が図面の形を決める大きな要素であることから、まずはグリッド図に園路を描き込んで基本的な形をつくろう。
- 樹木は、中心部（幹）と樹冠の大きさを、グリッドに合わせて記入しよう。
- 樹木は、高・中木のみを示している。高さは 5 ～ 15 m の範囲とし、樹種は自由に設定してよい。
- 課題作成用紙の図を A3 サイズの紙に拡大コピーして描いてみよう。

課題図

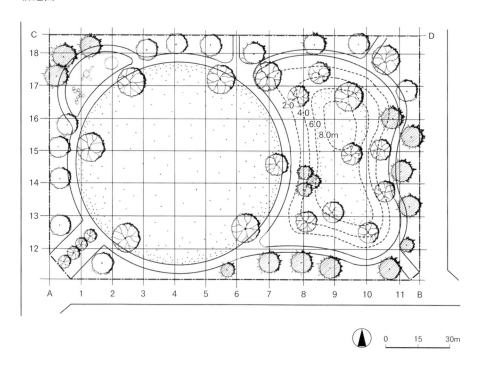

☞ 作図上のポイント

- 園路は、同じ幅員でも手前を大きく、遠くにいくに従って小さく描いて遠近感を出す。次頁に示した作成例の二点透視図では視点をA点側としているため、山の反対側の園路は見えなくなるので注意すること。
- 山の部分は、広場と山頂の高低差が8mなので、その高さを正確に表すことは難しい。このため、等高線に合わせてこんもりとした山の感じを描き出すようにしよう。山の手前側の等高線は広くし、山頂の反対側の等高線は見えないように描くことがポイントとなる。
- 樹木の高さは上記の範囲で任意に設定してよいが、山の部分の樹木は地形の高さも加えて高めに表現すること。ただし、本数が多いので個々に設定する必要はなく、大きさや場所から代表的な樹木を抽出して高さを求め、ほかはそれに準じることでよい。
- 対象地が公園なので、公園利用者を描き込んで公園らしい雰囲気を高めよう。

● 樹木の高さは、二点透視図の消点が下図のように離れているため、グリッド図に示すＡ点と2つの消点を結ぶ途中までの線（破線）を参考に設定すること。

作成用紙

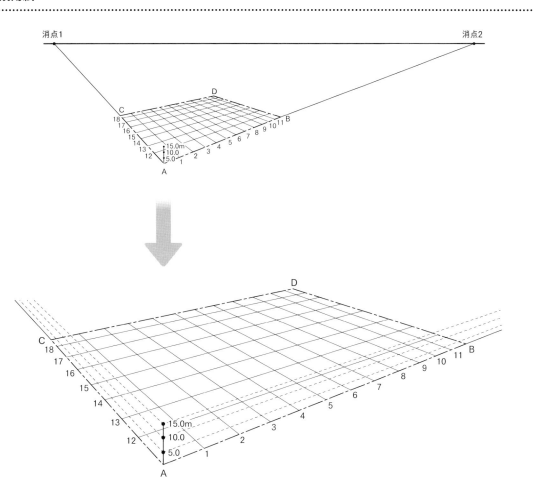

作成例

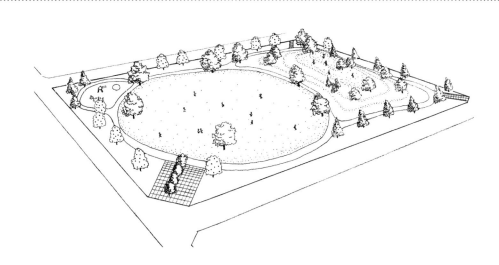

21-3 二点透視図の参考例

　二点透視図は、敷地規模の大きい集合住宅団地や都市公園、工場敷地などの空間を対象に描く場合が多い。正確さとともに計画・設計者の意図した空間のイメージが伝わるような表現が求められる。参考例を見ながらその手法を身につけよう。

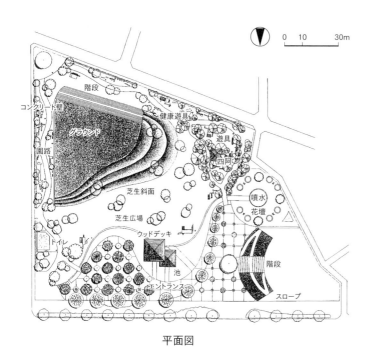

平面図

- 階段とエントランスをつなぐスロープ部分や、芝生広場とグラウンドをつなぐ芝生斜面部分の高低差が伝わるように表現する。

- 図面上強調したいシンボル樹等の主要樹木と、その他の樹木を描き分ける。

- 池中のウッドデッキや四阿（あずまや）を、景観ポイントとなる施設としてきちんと描き込む。

二点透視図

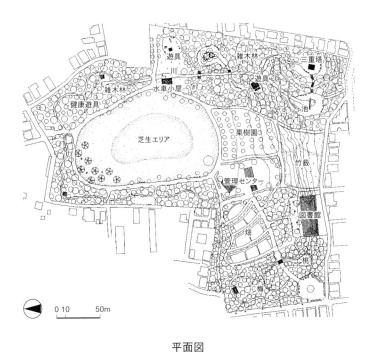

- 対象地全体が斜面地形であるため、そのイメージが伝わるよう高低差を意識して描く。

- 梅林、果樹園、竹林、雑木林などの違いを工夫して描き分ける。

- 段々畑や斜面地の果樹園のイメージが伝わるように表現する。

- 敷地中央部に広がる芝生エリアのこんもりとした感じを表現する。

- 図書館、管理センター、塔などの建築物をきちんと描く。

平面図

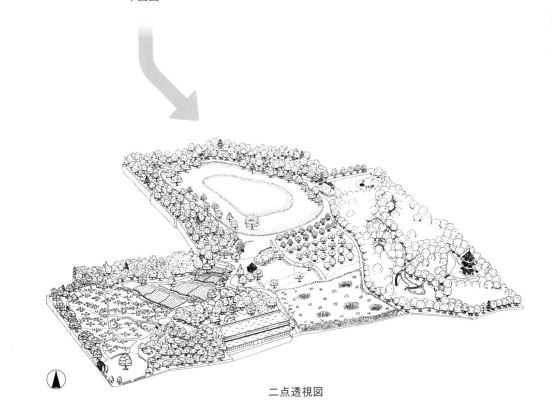

二点透視図

アクソノメトリック図（不等角投影図）の描き方

アクソノメトリック図は平行投影図法による立体図面表現であり、次のような手法で平面図から簡単に3次元の図面を作図することができる。

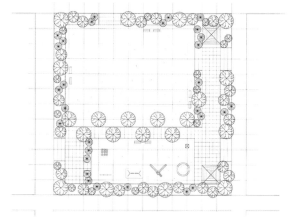

平面図

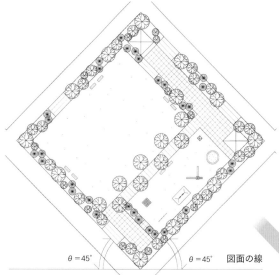

$\theta = 45°$　　$\theta = 45°$　図面の線

手順-1

● 平面図を用意し、画面の線に対する平面図の角度（角度45°−45°または30°−60°）を決めて配置する。

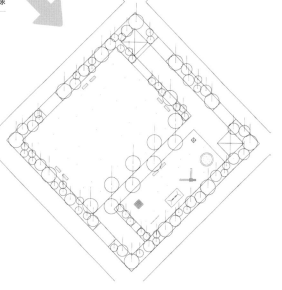

手順-2

● 平面図の施設や樹木の幅に合わせて、それぞれの外形を描く。施設や樹木の中心から垂線を立ち上げ、垂線上に平面図で設定した高さの点を落とす。

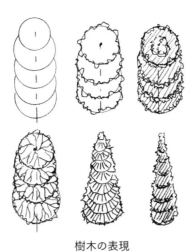

樹木の表現

手順-4

- 施設や樹木の細かな表現を描き、立体図として仕上げる。
- この場合、斜め上から見下ろす形で描くこととなるため、樹木を詳細に描くときは、枝葉が積み重なったように描くことが求められる。

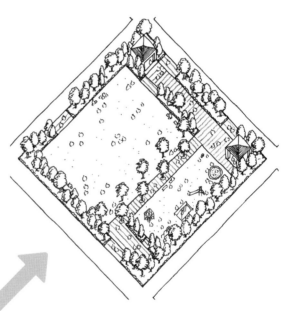

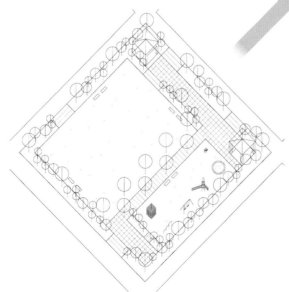

手順-3

- 平面図の外形線の上に、各施設や樹木の幅と高さに合わせておおまかな形を描く。また、舗装を描き入れる。

下図は、平面図の内容をより単純にして、アクソノメトリック図の作成手順を示したものである。

平面図に示す対象地の施設は、入口からの園路、芝生地、四阿、ベンチ、樹木大2本、小2本、生垣である。別紙に平面図を拡大し、次の手順で図面を作成してみよう。

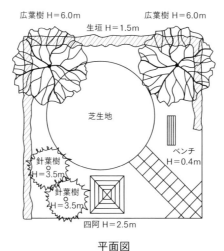

平面図

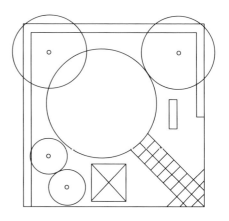

手順-1

● 平面図に描かれた細かな表現から対象地の区域や施設、樹木の外形線を描き出し、簡易な表現の図を作成する。

手順-2

- この図を画面の線に対して角度（ここでは30°−60°）をつけて配置する。
  次に、対象地内で高さを伴う施設（四阿、ベンチ、樹木4本、生垣）について、地盤面（G.P.）から垂線を立ち上げ、平面図に記載されているそれぞれの高さの点を得る。

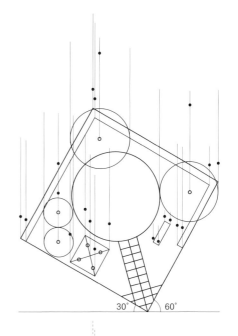

手順-3

- 平面図の外形線の上に、高さを入れた施設や樹木の基本的な形を描く。

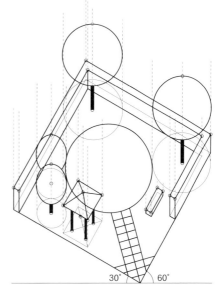

手順-4

- 手順-3の図面を基に、施設や樹木の細かな表現を描き、立体図として仕上げる。

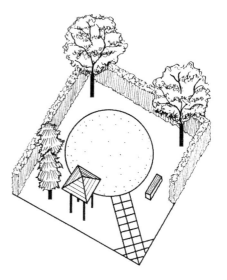

○景観の展開　landscape development

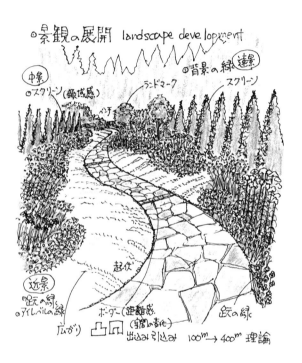

○背景の緑　遠景
中景
○スクリーン(遠近感)　ランドマーク　スクリーン
ベンチ
近景
○近え の緑　
○アイレベルの緑　起伏
(広がり)　凸凹　ボーダー(距離感)　　　近え の緑
(路面の変化)
出込み引込み　100ᵐ→400ᵐ 理論

第6章

スケッチの描き方

第23節 スケッチの基本

23-1 基本事項

　スケッチは、透視図よりも簡易な手法で空間のイメージを描き、伝える立体図面である。

　第5章で説明したように、透視図は定規を用いて何本もの線を引く煩雑な作業を必要とするのに対して、スケッチは、正確性は低下するものの、短時間で簡単に描けるという利点がある。スケッチの基本として、次のような点が挙げられる。

- フリーハンドで描く部分が多い（基本線は定規を用いる場合もある）。
- 鉛筆や製図用ペンを用いて軟らかい線で描く。
- 対象地の雰囲気を軽いタッチで素早く描く。
- 必要に応じて着彩し、効果を高める。
- 用紙に水平線と消点を設定し、平面や断面に「間口と奥行きと高さ」を与えて描く。
- 手前の線は強く・濃く描き、遠くの線は弱く・薄く描くことで遠近感を表現する。
- 平面図から描く、断面図から描く、風景の構図をつかんで描くなどの手法がある。

23-2 平面図から描く

　平面図からスケッチを描く手法は次のように行う。ここでは透視図と同じように定規を用いて描いているが、実際にはフリーハンドで数字や記号も省略し、線や寸法も大体の目見当で描く場合が多い。

手順-1

① 用紙にタテ・ヨコにグリッド線を引いた平面図を作成し、数字(0 ～ 10)を記す。

② 敷地内の施設・舗装・樹木の外形を描く。

③ 平面図の上側に基線（G.L.）を引き、平面図の0・1・2・3・4・5から垂線を上げて、基線との交点0'・1'・2'・3'・4'・5'を得る。

④ 平面図の中心部に基線を通る視心軸（C.V.R.）を引き、適当と思う地点に水平線（H.L.）と消点（V.P.）を設ける。

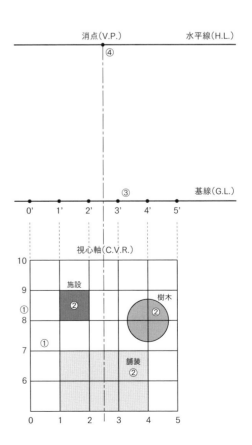

手順-2

⑤ 消点と0'・1'・2'・3'・4'・5'点を結ぶ透視線を引く。

⑥ 水平線上に任意の点(P)を設定し、Pと0'を結ぶ線を引く。この線と⑤の透視線の交点（●印）にヨコ線を引き、グリッド図を作成する。

手順-3

⑦ グリッド図上に、施設や樹木の形・大きさに合わせて寸法を取り、消点と結ぶ。

⑧ 施設や樹木の位置する場所の高さを得て、施設の形や樹木を表現する。また舗装面についても表現し、スケッチを完成させる。

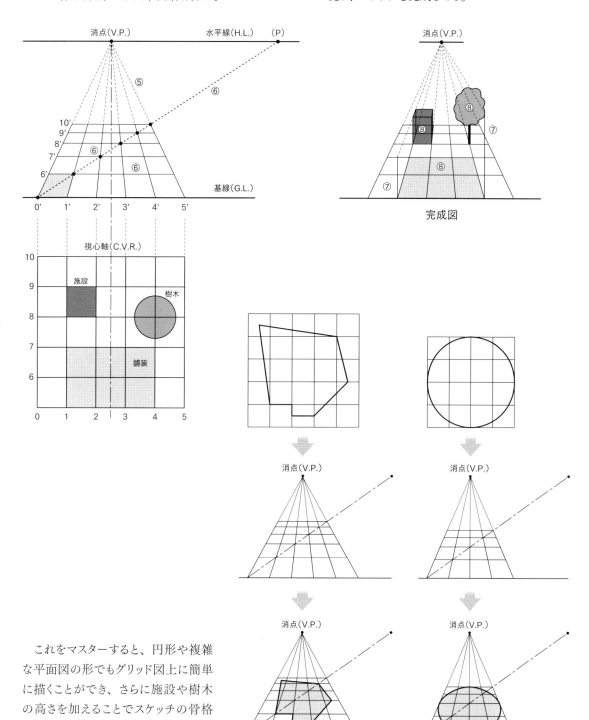

完成図

　これをマスターすると、円形や複雑な平面図の形でもグリッド図上に簡単に描くことができ、さらに施設や樹木の高さを加えることでスケッチの骨格ができる。

グリッド図への対象図の表し方

131

23-3 断面図から描く

　ここでは、断面図を利用してスケッチを描く。

　下図のように、断面図の任意の位置に水平線と
消点を設け、断面図の上下の点と消点を結ぶと、
奥行きのある立体図形が描ける。

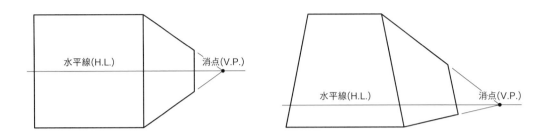

　ここでは軌道敷き（鉄道）の断面図を利用してスケッチを描いてみる。

手順-1 断面線を描く。

● 軌道敷き（鉄道）の断面を描き（下図の太線）、法面肩の上（1.5ｍの人の目の高さ）に水平線
（H.L.）を引いて任意の位置に消点（V.P.）を得る。

● 消点と断面の変化点(A・B・C・D・E・F)を線で結ぶ。

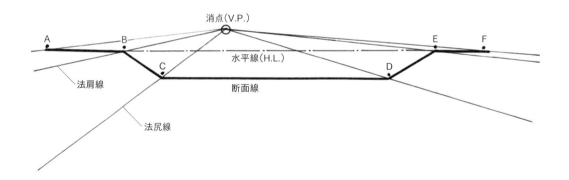

手順-2 構造物の輪郭線を描く。

● 消点と断面の枠に合わせて線路線や構造物となる立面線（車両線、建物線、電柱線、生垣線、人物
など）を描き入れる。

● それぞれの立面線と消点を結び構造物の輪郭を形づくる。

● 立面線は水平線に対して垂直であること。

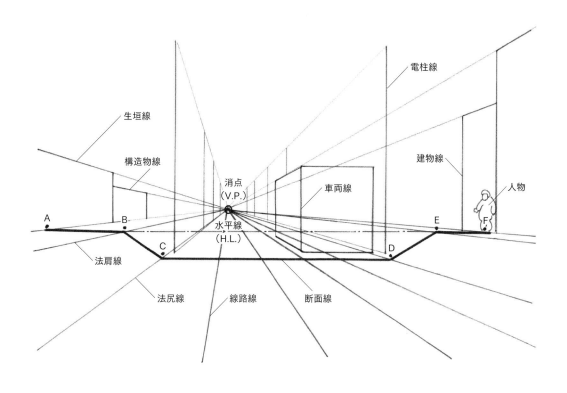

生垣線

構造物線

消点
(V.P.)

車両線

電柱線

建物線

人物

A

B

水平線
(H.L.)

C

D

E

F

法肩線

法尻線

線路線

断面線

手順-3 輪郭線から全体を整える。

❀ 輪郭線を基にそれぞれの構造物や植栽の形を描いてみる（写真などを参考に具体的な特徴を描く）。

❀ 背景の緑や構造物を描いてみる（全体の奥行き感、立体感が出るように注意する）。

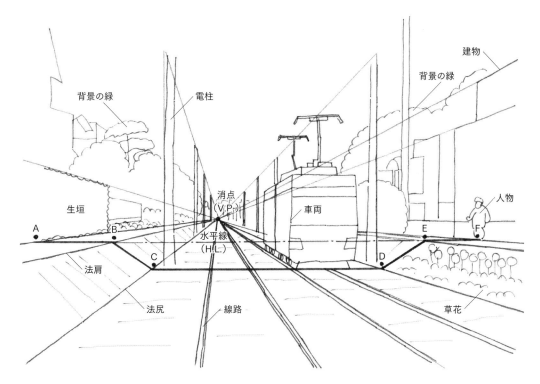

背景の緑

電柱

建物

背景の緑

生垣

消点
(V.P.)

車両

人物

A

B

水平線
(H.L.)

C

D

E

F

法肩

法尻

線路

草花

❀ 植物や建物のテクスチャー（細部）を描く。

❀ 着色をする場合は立体感が出るように濃淡をつける。

23-4 人物を描く

　造園スケッチでは、庭、公園、広場、建物の外
構部分などをスケッチする時に、次のような理由か
ら、施設や樹木に加えて人物を描く場合が多い。

❀ 人物を描くことで、スケッチに描く空間の大きさや施設の規模などが認識できる。
❀ 人の目の高さを1.5ｍと設定しておくと、2倍・3倍・4倍にしていくことで、人物の居る位置の施設や樹木
　の高さが把握できる。
❀ 人物を描くことで、憩いの場、遊びの場などの雰囲気がより伝わる。

　人物をいきなりフリーハンドで描くのは難しいので、
次の頁に示すような資料を活用して、人の動きの形
をトレースしておくことが望ましい。この場合、まず
はおおまかな外形を描き、服装や手足の動きなど
細かな表現を加えていくと、生き生きとした人物が
表現できる。

大人は7〜8等身、小人は3〜4等身となる

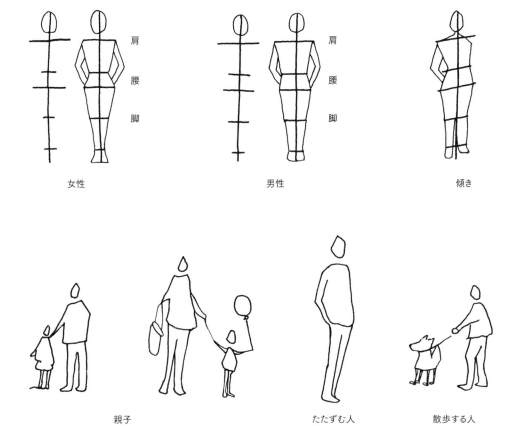

女性　肩 腰 脚

男性　肩 腰 脚

傾き

親子

たたずむ人

散歩する人

人の動きと形 -1

人の動きと形 -2

人の動きと形 -3

野外ステージのある広場

緑の中の遊具広場

お花見広場

お城の見える広場

街中の休憩コーナー

家族で楽しむデイキャンプ

アスレチック広場での遊び

公園の景観木

森の広場とバンガロー

花の小径

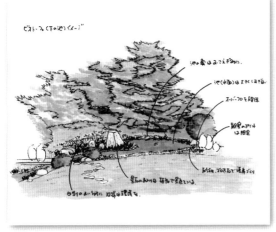

水辺の景観地

池が眺められる景観スポット

桜のトンネル

花壇のある広場

公園内のカフェに続く園路

遊歩道

緑の連続する歩道と休憩施設

花木の連続する街路樹

課題-1　通りの建物と樹木

　前項までの内容をふまえ、輪郭線を基に「建物・歩行者・樹木」で構成される街の風景をスケッチしてみよう。

　図面に示す水平線の消点が、歩行者の目の高さになるように人物（2〜3人）を描くこと。また、建物と樹木の高さは、歩行者の大きさに合わせて各自が設定すること。

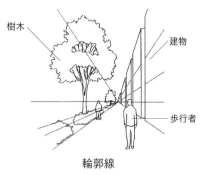

樹木

建物

歩行者

輪郭線

第6章 スケッチの描き方

141

　輪郭線や参考図を見ながらスケッチを描き、着色してみよう。

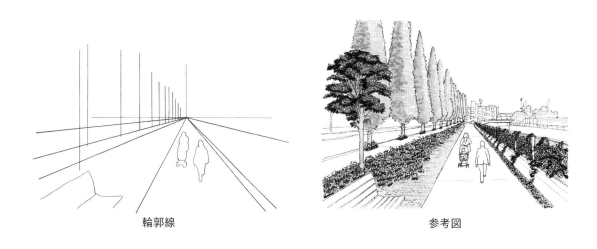

輪郭線　　　　　　　　　　　　　　　　参考図

課題 -3　歩行者空間と街路樹 -2

輪郭線や参考図を見ながらスケッチを描き、着色してみよう。

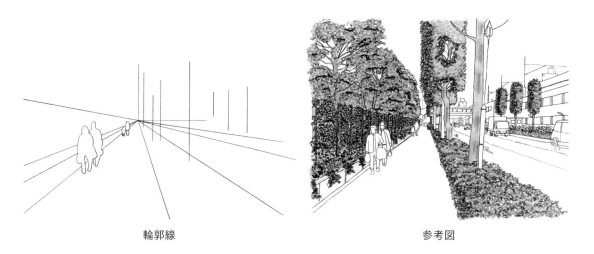

輪郭線　　　　　　　　　　　　　　　　参考図

課題 - 4　風景スケッチ

- 参考例のように、描きたい風景の写真を基にスケッチを描いてみよう。
- さらに、風景を整える緑のデザイン（樹木の追加や強調）を考えてみながら描いてみよう。風景スケッチ
  で伝えたい目的や魅力アップ（修景、保全、再生など）につながっていく。

　現況風景　写真1

　風景スケッチ例1

現況風景　写真2

風景スケッチ例2

参考例

■ 略 歴

内藤英四郎（ないとう えいしろう）

1948年　熊本県に生まれる
1970年　東京農業大学農学部造園学科卒業
1998年〜2018年　東京農業大学非常勤講師
2004年〜2018年　千葉工業大学非常勤講師
2016年〜2020年　（一社）ランドスケープコンサルタンツ協会専務理事・副会長
現　　在　（株）都市ランドスケープ取締役、（一社）ランドスケープコンサルタンツ協会監事
　　　　　技術士（建設部門）、RLAフェロー
受　　賞　第39回日本公園緑地協会北村賞受賞、令和3年国土交通大臣賞受賞（都市計画事業関係）
著　　書　『造園がわかる本　第二版』（共著、彰国社）、『都市近郊土地利用辞典』（共著、建築知識）、
　　　　　『市民参加時代の美しい緑のまちづくり』（共著、経済調査会）、『造園工事総合示方書』（共著、
　　　　　経済調査会）、『日本の街を美しくする』（共著、学芸出版社）
専　　門　緑地計画

入江彰昭（いりえ てるあき）

1971年　茨城県に生まれる
1993年　東京農業大学農学部造園科学科卒業
1995年　東京農業大学大学院農学研究科修士課程（造園学）修了
1995年〜1997年　中央工学校土木工学科専任講師
1997年〜2018年　東京農業大学短期大学部環境緑地学科助手、講師を経て准教授。
2017年〜2018年　デンマーク王国オーフス大学客員研究員
現　　在　東京農業大学地域環境科学部地域創成科学科教授。博士（造園学）
　　　　　（公社）日本造園学会理事
著　　書　『1級造園施工管理技士試験 短期総仕上げと演習問題　第四版』（共著、彰国社）、『実践風景
　　　　　計画学』（共著、朝倉書店）、『パークマネジメントがひらくまちづくりの未来』（共著、マルモ出版）
専　　門　造園学、緑地計画学、地域デザイン学

栗原国男（くりはら くにお）

1956年　東京都に生まれる
1979年　東京農業大学農学部林学科卒業
1979年〜2008年　（株）あい造園設計事務所
現　　在　東京農業大学地域環境科学部地域創成学科　非常勤講師
　　　　　（公財）川崎市公園緑地協会 緑の専門職
　　　　　ＲＬＡ、自然再生士、測量士
受　　賞　2003年世田谷線「もっと車窓が楽しくなるアイディアコンクール」大賞受賞
著　　書　『ランドスケープアーキテクト100の仕事』（共著、東京農業大学出版会）、『ジャパンランドスケープ
　　　　　No.22』「LANDSCAPE NEW WAVE」（共著、プロセスアーキテクチュア）、
　　　　　『PROCESS　No46』「生活とランドスケープ」（共著、プロセスアーキテクチュア）
専　　門　ランドスケープデザイン

はじめてのランドスケープ製図　図面からスケッチまで

2023年12月10日　第1版　発　行

著　者　内藤英四郎・入江彰昭・栗原国男

発行者　下　　出　　雅　　徳

発行所　株式会社　彰　国　社

162-0067　東京都新宿区富久町8-21

電　　話　03-3359-3231(大代表)

振替口座　00160-2-173401

著作権者との協定により検印省略

NSP
自然科学書協会会員
工学書協会会員

Printed in Japan

© 内藤英四郎・入江彰昭・栗原国男　2023年
印刷：壮光舎印刷　製本：中尾製本

ISBN 978-4-395-32198-8　C3052　https://www.shokokusha.co.jp